映画

ヒノマルソウル
〜舞台裏の英雄たち〜

オフィシャルブック

テストジャンパーには
拍手も歓声もない
記録にも
記憶にも残らない

選手でもないのに、
メダルも獲れないのに、
命をかけて飛ぶ

NAGANO 199
F25

それでも――
俺が日本に、
金を獲らせる

CONTENTS

西方仁也（にしかた・じんや）

田中圭

原田とともにリレハンメルオリンピックに出場し、原田のジャンプ失敗によって惜しくも銀メダルに終わる。４年後の長野での雪辱を誓うものの、代表落選。テストジャンパーとして長野オリンピックに参加する。

西方幸枝（にしかた・ゆきえ）

土屋太鳳

西方を励まし支える妻。息子の慎護を育てながら、民宿の仕事を手伝っている。

高橋竜二（たかはし・りゅうじ）

山田裕貴

聴覚障害のあるテストジャンパー。いつも笑顔で周囲を明るくする。自己ベストは134m。

南川崇（みなみかわ・たかし）

眞栄田郷敦

日本代表候補にも選ばれる実力派ジャンパーだが、ケガによるトラウマを抱えている。

小林賀子（こばやし・よしこ）

小坂菜緒

オリンピックを夢見る、唯一の女子高校生ジャンパー。

神崎幸一（かんざき・こういち）

古田新太

西方・原田をユース時代から育てたコーチ。代表に落選した西方をテストジャンパーに誘う。

これは、
誰もが知っている
長野オリンピックの、
誰も知らない
「舞台裏」の実話――。

※実際の写真です

一九九八年長野オリンピック――。

日の丸飛行隊と呼ばれる四人の代表選手たちは、スキージャンプ・ラージヒル団体日本初の金メダルの期待を一身に背負っていた。

オリンピック会場の白馬ジャンプ競技場には、代表選手のエース・原田雅彦のジャンプを特別な想いで見守る、一人の男がいた――元日本代表・西方仁也だ。

西方は、前回大会のリレハンメルオリンピックで、原田とともに代表選手として出場した。西方は、日本代表最高飛距離である一三五mの大ジャンプを成功させ、日本初の金メダルに手が届いたかと思われた。しかしその後、原田がジャンプを失敗。結果は銀メダルとなった。

西方は四年後の長野オリンピックでの雪辱を誓って練習に打ち込み、代表選出が有力視されていたが、ケガにより結果はまさかの落選となった――。

悔しさに打ちひしがれる中、西方は、テストジャンパーとして長野オリンピックに参加してほしいと依頼される。テストジャンパーとは、競技前にジャンプ台に危険がないかを確かめ、競技中に雪が降った際には何度も飛んでジャンプ台の雪を踏み固める、いわば裏方のジャンパーのこと。危険もともなう。

西方は裏方に甘んじる屈辱を感じながらも、様々な思いを抱えて集まっていた24人のテストジャンパーたちと準備を重ねていく。

そして迎えた、オリンピック本番。

団体戦一本目のジャンプで、悪天候に見舞われた原田がまたしてもジャンプに失敗。日本は四位となる。二本目のジャンプで逆転を狙おうとするも、猛吹雪により競技が中断……このまま悪天候のせいで競技が終われば、日本の金メダルの夢は閉ざされてしまう。

審判員たちの判断は、「テストジャンパー25人が全員無事に飛べたら、競技を再開する」。悪天候の中、ただでさえ危険なテストジャンプで、もし誰か一人でも失敗すれば、競技は再開されることなく終了となるというものだった。

日本の金メダルへの道は、西方率いる25人のテストジャンパーたちへ託されたのだった……！

田中圭
西方仁也役

［プロフィール］

田中圭（たなか・けい）

1984年生まれ。2000年任天堂『マリオパーティー3』のCMでデビュー。2003年、ドラマ『WATER BOYS』で注目を集め、2008年に『凍える鏡』で映画初主演。その後、ドラマ、映画、舞台など幅広く活躍。2019年には社会現象を巻き起こしたドラマ『おっさんずラブ』（EX）でエランドール賞新人賞を受賞。その他の主な映画出演作は、『図書館戦争』シリーズ、『劇場版 びったれ!!!』、『スマホを落としただけなのに』シリーズ、『記憶にございません！』、『劇場版 おっさんずラブ ～LOVE or DEAD～』、『mellow メロウ』、『哀愁しんでれら』、『総理の夫』、『あなたの番です 劇場版』（2021年公開予定）など

スタイリング：岡部美穂
ヘアメイク：大橋覚

―今回、西方仁也さんという実在の人物を演じていらっしゃいますが、どんな役作りをされたのでしょうか。

役作りは、そんなにしていないです（笑）。僕は今回の台本を読むまで、テストジャンパーの存在も、裏側にこんな出来事があったということも知らなかったので、資料や過去の映像などを見て、台本に描かれてない部分の情報を入れていきました。

―西方さんご本人にもお会いになってお話しされたんですよね。

撮影の最後のほうにお会いしました。実際にお会いした印象は、物腰の柔らかい素敵な人だなと。あとは、現役時代の西方さんの映像をいろいろと見ていたので、「西方さん、すごく大人になってる！」と思いました（笑）。現役時代の映像ではものすごく感情豊かで、例えばガッツポーズをするときの腕の振り下ろしがとても速かったんです（笑）。

お会いしたら、「この脚本を読んで共感できないところはどこですか」と聞こうと思っていたんです。西方さんが今回の台本をどう思ったのかが知りたくて。ドラマを作る上で脚色しないといけないところもあるだろうから。でも、西方さんはほとんど台本のまんまだとおっしゃったんです。実在する方を演じるということで、「僕が生きるのはあくまでも『ヒノマルソウル』での西方だ」と思っていたのですが、ほぼ実話なんだったら、もっと早くからお会いしていろいろお話を聞けば良かったなあ（笑）。

―台本のどのあたりをフィクションなのかなと思われたんですか？

長野五輪で代表に選ばれなかった西方さんが、原田雅彦選手が飛ぶときに、「落ちろ」と思うシーンとか。西方さんご本人に、「〝落ちろ〟なんて思わなくないですか？」と聞いたら、「落ちろとは口には出さないけど、まったく思ってないかと言ったら嘘になるよ」っておっしゃって。西方さん自身が金メダルを逃しているので、銀メダルまでにしてくれ……という思いもあったそうなんです。

―そんな本音まで、話してくださったんですね。

そうなんです。そのときに、「ものすごく人間っぽい人だな」と思いました。台本にもあったように、西方さんご自身も最初はテストジャンパーなんてやりたくなかったそうです。各国の代表選手たちからも、「なんでお前がテストジャンパーをやってるんだ」とか言われちゃいますから。すごく嫌だったけど、コーチから電話がかかってきて「やれ」と言われて、やる気はなかったけどやることになって。それで、テストジャンパーのみんなとともに時間を過ごすうちに、「やるしかない」という気持ちになったと聞いて。「本当に台本のまんまなんだ！」と思いました。

―最初に会われたときに、西方さんが「田中さんと僕は少し似ている」とおっしゃっていましたね。

そうなんです。西方さんのご家族やお友達からも、僕が酔っ払ってやさぐれるシーンが、「仁也そっくりだ」と言われました。「あいつはもっと酷いけどな」って（笑）。過去の映像で、西方さんが着地を決めたときのリアクションを見たんですけど、すごくふざけてるんです（笑）。そこは少し近い部分を感じました。

―撮影現場でお話しされているときに、西方さんが斎藤浩哉選手の金メダルを見てボソッと言った「いいな……」という言葉を、田中さんがすかさず拾っていたのが印象的でした。その「いいな……」という気持ちが、西方を演じる上で肝になったのでしょうか。

どこまで行っても気持ちは晴れていないということですよね。でも、まるで晴れていないわけでもないし。本当に複雑な気持ちだと思います。ただ、西方さんご本人は、僕が演じる西方とはまた少し違って、本当に素直で、少し子供っぽさもある素敵な方だなと、その言葉を聞いて思いました。

――演じる上で、西方仁也はどのような役だと思いましたか？

すごく人間くさい役ですね。実在している方なので、役ともまた違う感覚だなと思いながら演じていました。西方って、すべてのセリフが言葉どおりの意味じゃないんです。「落ちろ」という言葉は本心だけど、一〇〇％本心かと言うとそうでもない。西方が一人で揺れ動くシーンやモノローグは、一人の人間の声なんです。何ていえばよいか……すべて表裏一体というか。自分の息子に「金メダルを見せてやるからな」という気持ちも本心だけど、そこには不安もある。テストジャンパーのみんなのことはすごく好きで影響もされているけど、影響されてないふりをすることもあるし。やっぱり、テストジャンパーという自分の今の居場所を認めたくなかったのでしょうね。

――田中さんは西方さんがなぜテストジャンパーを引き受けたと思いますか？

僕が演じる西方は、ですけど。もう完全に「なんとなく」です（笑）。やることもないし、奥さんの幸枝さんにも喝を入れられて。ジャンプをやめて実家の旅館を継ぐとか、他の職に就くとかも言っていますが、その言葉もそのままの意味じゃないんです。やっぱりジャンプを捨てきれない思いがどこかにあって。台本では、「決別するためにテストジャンパーを受けた」みたいなセリフもありますが、それはたぶん、原田選手やその他の選手とのコミュニケーションの中で、言わなくていい言葉を言っているだけなのかなと思います。原田に、「俺はお前を許せない」とぶつけるシーンも、本当はとっくに許しているはずで。だからと言って、すべて嘘かというとそうでもなく。複雑な気持ちのまま揺れ動いているんです。

――人生の目標を奪われたわけですから。相当きついですよね。

きついですよね。オリンピックに出られなくなって、そのときはめちゃくちゃ落ち込むし、「なんでだよ」と悔しい思いもするけど、何か罰を受けるわけでもないですから。「飛べない」以外は何も変わらないわけじゃないですか。当たり前に目指していたものがなくなって、生きた心地がしなかったのではないかなあ。だから僕も、ずっとふわふわした気持ちのまま演じていました。

――西方が挫折したときの気持ちは、田中さんご自身が、ケガでバスケットボールを諦めた経験と重なりましたか？

僕の場合はケガで諦めたというよりも、ケガしている最中に環境が変わって、だんだん逃げたというか。諦めるのも一つの才能なので、僕の場合は諦めたというよりはズルズル逃げたという感じです。

――今回、西方はきちんと向き合い、飛ぼうと決めますよね。

「結果的に向き合うことになった」という気持ちのほうが近いです。西方の場合、どこで飛ぼうと決意したかが結構むずかしくて。僕、個人的には、みんなが作戦会議をやっているところぐらいで、「率先して教えてやれよ！」と思うんです（笑）。実際に西方さんも、テストジャンパーとして行ったからには、「飛ぶなら飛ぼう」という意識で飛んでいたと思いますし、後輩に教えていたとも思いますし。でも、この作品の西方は、最後までウジウジしていて（笑）。最終的には、賀子、高橋、南川といった三人の姿を見て、少しずつ気持ちを上げていったという感じです。

――ジャンプ台に立ってみて感じたことはありましたか？

もちろん最初は怖かったですけど、最後のほうはもう慣れちゃいましたね。アクション部のみなさんが僕にハーネスを付けてくれて、安全を確保してくれていたということが前提にありますけど。やっぱり命綱がなかったら、とてもじゃないけど怖いです。

――ジャンプ台で、「選手たちはどうして飛べるんだろう」というようなことは考えましたか？

選手たちというよりも、僕自身が「できることなら飛んでみたい」と思

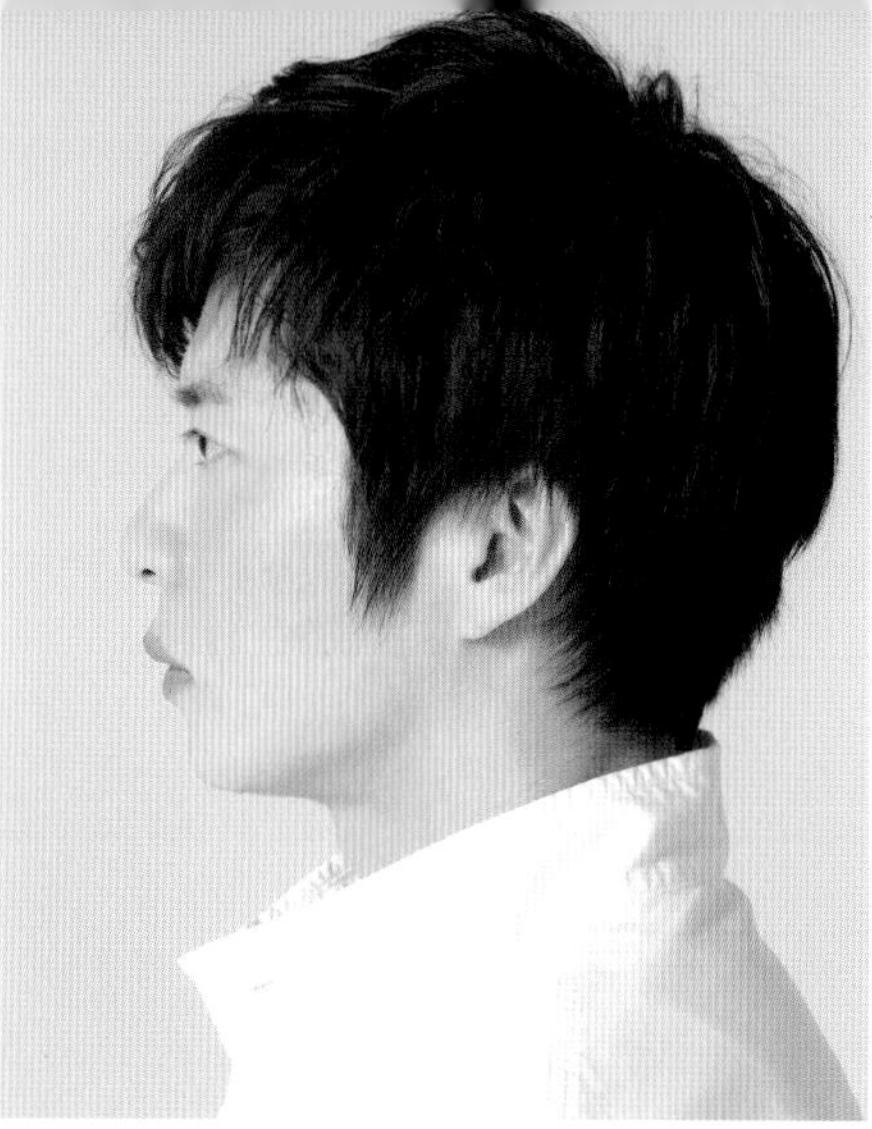

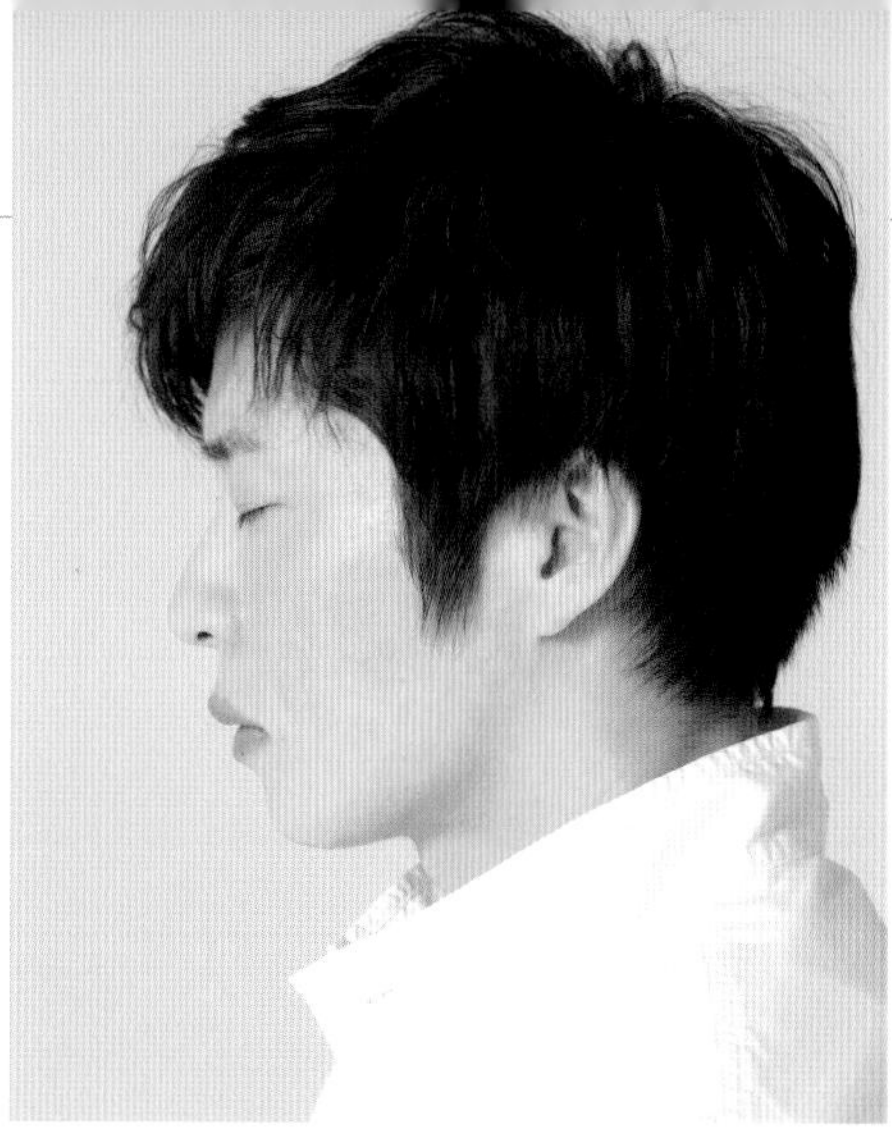

いました。高いところはそんなに得意じゃないですが、飛べたらとても気持ちいいだろうなと思ったんです。スキージャンプは小学生くらいから始めないと飛べるようにはならないそうなので、実際には無理ですけど。

――田中さんご自身がスキージャンプ選手だったとして、過酷な状況での最後のジャンプは飛びますか？

それは25人目に飛ぶとか、そういうことを抜きにして、僕自身が飛ぶということですか？　それはもう、飛びますよ！　だって僕が飛ばないとみんなが悲しむじゃないですか（笑）。でも、確かにむずかしいですよね。ものすごい悪天候の中ですからね。テストジャンパーの人たちも、実際はかなりうまく飛べる人たちなので、25人の力を合わせた作戦が肝心だと思います。最初は安全のために滑ってレーンの雪を削り、どんどん飛距離が出るようにしていかないといけない。だから25人という人数が必要だったんでしょうね。そんなものすごいプレッシャーの中でみんなが飛び切ったわけですから、感動は相当なものだっただろうなと。だから僕は飛ぶと思います！

――撮影中に一番熱くなったのは、最後のジャンプシーンですか？

テストジャンパーのみんなが飛び始めたシーンからもう熱くなりましたよ。南川、賀子、高橋、そして西方。テストジャンパーのみんながそれぞれ、自分の気持ちを抱えながら飛んでいくわけですからね。

――撮影中、一番大変だったことはどんなことでしょうか？

やっぱり空《から》サッツですね。空サッツはかなりむずかしかったです。撮影前に一、二日だけしか練習日がなくて、「これ一、二日じゃできない！」ってなりました（笑）。パッと見た感じは「すぐにできそうかな？」なんて思いますが、絶対に無理です。これを読んでくださっているみなさんも、ＹｏｕＴｕｂｅか何かで空サッツがどんなものかを確認して、ぜひやってみてほしいくらいです。

――今回、スキージャンパーの方を演じてみて、「やっぱり本物はすごいな」と感じたところはどこですか？

実際にジャンパーのみなさんが当たり前のようにやっているトレーニングを見て、「やっぱりトップアスリートは違うな」と思いました。空サッツもそうですし、ジムでのトレーニング一つとっても、まったく違うなあと思いました。僕たちが苦労した、空サッツのあのポーズで、みなさんはずっと雪の上でジャンプしているわけですから。

――ジャンプの指導をされていた山田コーチも、できるまでには何年もかかるとおっしゃっていました。

しつこいようですが、本当にむずかしいんです（笑）。意外だったのは、その山田コーチでさえ、今はスタート台から飛ぶのは怖いとおっしゃっていたこと。撮影を見学に来られた西方さんも、僕がスタート台のところに座って足をプラプラさせている姿を見て、「怖くないの〜？　もう俺は座れないよ〜！」って（笑）。西方さんすら今では怖いとおっしゃっていたのが本当に意外で。でもそれが、一歩間違えれば死もあり得る、ギリギリの状況で戦ってきた人たちのリアルな声なんだと思いました。一度離れてしまうともう「できない」と思うのは、スキージャンプという競技の奥深さを知っているからこそなんでしょうね。

――今回は実際に競技が行われた、白馬ジャンプ競技場での撮影でした。

実際に選手たちが飛んだ場所だと思うと、やっぱり嬉しかったです。他にも西方さんのご実家にお伺いして撮影させていただいたり。撮影時は記録的な雪不足だったそうで、撮影中、足りないのは雪だけでした。太鳳ちゃんが以前に白馬で撮影をしたことがあったそうで、「白馬はものすごく寒いで

西方さんですら、今ではジャンプ台が怖い――。これが、戦ってきた人のリアルな声なんだ

す」と聞いていたのですが、なんなら暑かったですから（笑）。一晩ブワーッと降って積もった日もあったんです。昼ぐらいまでは積もっていたので、「これだよ、俺らが見たかったのは！」なんて喜んでいたら、昼休憩のときに雨が降って、外に出たらもう雪が溶けて……がっかりでしたね。

――監督も「雪との戦い」だったとおっしゃっていました。あとは今回、田中さんの演技が監督のイメージとほとんどブレがなかったので、役についてはあまりお話をしなかったともおっしゃっていました。

飯塚監督がどんな芝居をつけるのか、シーンをどう解釈しているかについては、他のキャストのみなさんに演出している様子を見ながら少しずつ理解していきました。自分で「こうできたらいいな」というイメージはありつつも、現場で演じてみて「違うかな」と思ったら変えることもあって。直前に変えることに対してはOKな人だったので、直接言われることはなかったですし、やっぱり信頼感がありました。シーンを作るときも相談し合いながらやれていたと思います。一番印象に残っているのは、監督の独特なしゃべり方です（笑）。優しい雰囲気なのにすごく厳しいところもあって。優しいのか厳しいのか、どっちなのかイマイチわからなかったのですが、素敵な監督だと思います。きっと最後に完成した作品を見て、「飯塚監督はこんな監督だったんだ」と理解することになるだろうなと思っています。

――飯塚監督が見どころとして、原田選手が金メダルを獲ったところを見ている西方の表情を挙げてらっしゃいました。

そうだったんですか。あのときは、普通に嬉しかったです。もちろん自分がそこにいられなかったという悔しさもありますが、それよりも、みんなが自分の悔しさを晴らしてくれたという気持ちのほうが強かったというか。不思議な感情がこみ上げてきました。

――原田選手の一本目のジャンプのとき、「落ちろ」と思ったのとは、まるで違う心境になっているんですね。

そうです。最後のジャンプを飛ぶ前にはもう変わっていたと思います。僕の西方は、本当に言っていることがブレブレですが、でもそこが人間らしさだなとも思います。

――この作品の全編を通して、心が震えた瞬間はありましたか？

いっぱいありましたよ。それこそ冒頭のところから言うと、原田が失敗ジャンプをして銀メダルになってしまったことを責める記者にムカつきました（笑）。あとは、西方の奥さんの幸枝が、落ち込んでいる気持ちを隠しながら家に帰ってきた西方を迎えるシーンの居住まいというか、そこにいる「居方」も、本当に素敵でしたね。

――土屋太鳳さん演じる幸枝さんは旦那さんの気持ちを理解できる素敵な奥さんでしたよね。土屋さんと夫婦役というのも新鮮だったのではないでしょうか？

僕はとにかく、太鳳ちゃんが大好きです（笑）。だから毎日癒やされていました。太鳳ちゃんが醸し出す空気が絶妙なんです。撮影中、すごくおもしろかったのが、太鳳ちゃんって、どんなに忙しくても早く起きて、毎朝二時間ぐらいかけて支度するらしく。「二時間も何してるの？」と聞いたら、準備もあるけど、一時間ぐらいストレッチしてるって言うんです。「そんなにする？」って思うじゃないですか。確実に太鳳ちゃんが日本で一番ストレッチをしてる女優だと僕は思っています。なのに、肩がバキバキなの。ものすごく凝ってるんです（笑）。『ゴチになります！』でご一緒していたときに、「圭さん、疲れてないですか？」と肩を揉んでくれようとするんだけど、「やめてくれ！　太鳳ちゃんのほうが凝ってるから！」ってなりましたよ（笑）。どんなときも笑顔だし。ただ、たまに太鳳ちゃんが「納得してないな？」ということがあると、本人的には隠しているつもりなんだけど、手に取るようにわかるんです。「どうした、大丈夫か？」と聞くと、「はい。何でもありません」みたいに言うんだけど、「大丈夫じゃないな」みたいな（笑）。

一緒に仕事をしていると元気をくれる、本当に素敵な女優さんだなと思います。

——土屋さんらしい、とてもかわいらしいエピソードですね。

　幸枝さんとのシーンもそうだし、本当に心が震えるシーンがたくさんありましたね。（山田）裕貴演じる高橋と（眞栄田）郷敦演じる南川と、部屋で三人でしゃべっているシーンも好きでしたし。最後のジャンプシーンに向けて、盛り上がっていくシーンも、もちろん心が震えました。

——キャストのみなさんから、座長・田中圭さんのすばらしさについていろいろと聞きました。田中さん自身も座長であることを意識されていたのでしょうか？

　そんなに気をつかっているつもりもなかったですけど。ただ、「現場がいつも楽しけりゃいいな」と思いながらやっていただけです。裕貴とはプライベートでもつき合いがあったので特に気をつかいませんでしたけど。郷敦や小坂菜緒ちゃんは初めてで、しかも二人とも超人見知りだから、四人でなるべく話をしようとは思いました。僕のほうから声をかけなければ、二人はきっと、五時間一緒にいても一言もしゃべらないですよ（笑）。僕と裕貴は同じタイプなので、二人も巻き込んでしゃべろうとしてたかな。でも、それがいいのか悪いのかはわからないです。もしかしたら二人は内心、「話しかけてこないでほしい……」と思っていたかもしれないし（笑）。わからないながらも、こっちのほうが楽しいだろうな、と思って話しかけていただけです。それは今回だけじゃなくて、どの現場でも同じです。

——田中さん自身も、後輩のお芝居を見て刺激になった部分はありますか？

　そうですね、刺激になったこともちろんありましたが、それよりもなんかみんな、キラッキラしているなと思いました。目がピュアなんです。僕にもこんな時代があったのかなあ（笑）。

——あったと思います（笑）。山田さんが、「圭さんは自分がどうしたらいいかわからなくなったときに相談する唯一の人」だとおっしゃっていました。「自分の道標」だとも。

　おおー！（笑）

——それを聞いて、すごくいい関係性なんだなと思いました。

　裕貴は以前、『健康で文化的な最低限度の生活』というドラマで共演して、それから『田中圭24時間テレビ』に出てくれて。この撮影は、そのときぶりの共演でした。でも、プライベートでも何回かは会ったりしていたので。だからこの作品が決まったときにも、連絡をとって、「一緒だね。よろしく」と話していました。

——他にも、古田新太さんなど、個性豊かなキャストのみなさんが揃いました。

　古田さん演じる神崎コーチが、本番中に、ちょいちょい西方の名前を忘れるんです。僕の顔を見て、少し間があってから「……西方」って（笑）。古田さんは「間」みたいな感じでやるけど、「絶対に今思い出してたでしょう？　バレてます！」と思っていました（笑）。それがね、三、四回あったんです。NGになるときもあるし、ならないときもあって。

　なんで毎回言ってるのに忘れるのかは疑問でしたけど、すごくおもしろかったです（笑）。でも、オッケーテイクには使われていないとは思うので、「裏のお気に入りのシーン」ということで（笑）。

——その他のキャストの方はいかがですか？

　裕貴は本当に頼りになるムードメーカーとしてがんばってくれていました。僕がいなくても裕貴がいれば、みんなが楽しんでいた部分もあったと思います。一緒になって盛り上げてくれていたので。郷敦と菜緒ちゃんや、他のテストジャンパーの子たちも含めて卓球したりしていて、積極的にコミュニケーションを取ってくれていました。今回の現場で、裕貴に支えてもらっていた部分はすごく大きかったです。今回、難聴のジャンパーというむずかしい役だったと思いますが、頭と心でまっすぐ芝居に向き合う姿は裕貴らしいなと思いました。

　郷敦はね、筋肉好きすぎ（笑）。菜緒ちゃんはキュンキュンしすぎ（笑）。二人とも、クランクインから後半になるにつれて、お芝居が変わっていったんです。目に宿る力強さが違うというか。短時間でいろいろなことを吸収していく姿を見て感動しました。古田さんは、名前忘れすぎです（笑）。

——最後に、スタッフのみなさんへのメッセージをお願いいたします。

　スタッフのみなさんは、一か月ずっと雪山のシーンを撮影しなくてはいけなくて。ナイトシーンはないとはいえ、モチベーションを保つことは結構むずかしかったと思います。でも、現場でずっと明るく、楽しそうに撮影してくれていたので、僕も現場に行くのが本当に楽しかったです。まさにスタッフのみなさんが「舞台裏の英雄たち」だなと思っています。本当にすべてのみなさんに感謝しかありません。

テストジャンパーたちのお手紙リレー

強い絆でむすばれたテストジャンパーたちのインタビュー、
直筆のお手紙でバトンパスをしていただきます！
まずは……

田中圭さん ▸▸▸ ✉ ▸▸▸ 山田裕貴さん

裕貴へ

裕貴が、現場全体を常に観ようとしてて、
和ませたり、前に出たり、一歩引いたり。
現場は楽しめないと意味が無いと思ってる
俺にとっては、とっても頼りになる共演者でした。
コミュニケーションでも、お芝居でも、
山田裕貴でいてくれて、嬉しかったです！
ありがとう！ また共演できる様に…

田中圭

高橋竜二役 山田裕貴

［プロフィール］

山田裕貴（やまだ・ゆうき）

1990年生まれ。2011年テレビ朝日『海賊戦隊ゴーカイジャー』ゴーカイブルー、ジョー・ギブケン役にて俳優デビュー。近年の主な出演作に、『HiGH & LOW』シリーズ、『特捜9』シリーズ、連続テレビ小説『なつぞら』、『青のSP―学校内警察・嶋田隆平―』、『ここは今から倫理です。』、舞台『終わりのない』(第74回文化庁芸術祭賞 新人賞 受賞)など。その他の主な映画出演作は、『あの頃、君を追いかけた』、『映画クレヨンしんちゃん 激突！ラクガキングダムとほぼ四人の勇者』（声の出演）、『東京リベンジャーズ』、『燃えよ剣』などがある。

スタイリング：森田晃嘉
ヘアメイク：小林純子

――今回演じられた高橋竜二さんは、実在されている、しかも難聴のジャンパーの方ということで、むずかしい部分も多かったのではないでしょうか。

むずかしいというよりも、実在されている方の思いを一〇〇%乗せることは至難の業だなと思いました。僕はスキージャンパーでもなく、オリンピックの大舞台を経験したこともない。飛んだ瞬間の顔なんて簡単に表現できるはずはないですよね。だから、そこまで気持ちをどう持っていくかが重要だなと思って演じていました。

――難聴の方の話し方を研究して、ていねいに作り込んで演じていらっしゃる印象を受けました。

僕は小さいころ、野球をやっていて。小学生のときに同じチームの先輩のお父さんに教えてもらっていたんですけど、その方が耳の聞こえない方だったんです。そのときの話し方の雰囲気や音の感覚を何となく覚えていたのもあって、僕にとっては特別な感じはなかったです。竜二さんご自身も、「まわりのみんなは普通に接してくれた」とおっしゃっていたので、僕が特別に意識することでもないかなと。ただもちろん演じる上で、難聴者の方について勉強はしました。難聴者の方々とお話する機会を設けていただいて、「た行」の発音がむずかしいとか、「し」と「ち」が同じ口の形でわからないとか、いろいろと教えていただいたんです。一つ申し訳なかったのが、みなさんに「大きい声で話してください」とお願いしてしまったことです。そのとき、「大きい声で話す」という感覚がわからないとみなさんおっしゃったんです。自分だけでは気づかないようなことも教えていただきながら、話し方だけでなく、聞こえないという動きも含め、一つひとつの所作を大事に、考えながら演じていました。

――高橋さんは手話ではなく、口話でお話しされるんですよね。

竜二さんとお会いしたときにも、「僕は手話をまったく覚えてないんだよ」とおっしゃっていました。言葉を発する口の動きを読み取っているので、大勢だと読み取るのがむずかしいとか、目を見て話してくれないとわからないということもあるみたいです。あとは、僕が話す言葉を読み取る時間があるので、何秒遅れて反応していたのかとか、そういった部分も記憶しておこうと思いながらお話しさせていただきました。

――高橋さんとは他にどんなお話をされたんですか？

竜二さんがどんな方なのか、どんな思いで飛んでいたのかなど、本当にいろいろなお話をしました。僕から竜二さんに、「人生を生きる上で何を一番大切にしていますか？」という質問をしたんです。そしたら、「今を生きること」とおっしゃっていて。その言葉が竜二さんを演じる上でのすべてだなと思ったんですよね。僕が今回の撮影を楽しむことが、映画の中の竜二さんに向き合うことが、「今を生きること」になる。それさえできれば、自然と竜二さんになれるような気がしたというか。その言葉を胸に撮影に臨みました。

――選手の原田さん、斎藤さん、西方さんとも会われたそうですね。

僕はたぶん、今回のキャストの中で選手のみなさんに一番お会いしていると思います。みなさんが口を揃えて、「どれだけやっていてもあの一本を飛ぶのは怖い」とおっしゃっていたのがすごく印象的でしたね。竜二さんも、「怖いけど、スターティングバーから飛び出した瞬間、もうあとは飛ぶしかない」とおっしゃっていましたし。最初は、その恐怖感を演技に入れないほうがいいのかなと思ったんです。オリンピックでもテストジャンパーの人たちは淡々と飛んでいくイメージもあったので。でも、この作品の撮影に入る前に、大倉山ジャンプ競技場で開催されたHBCカップを見に行かせていただいたんですね。そのときに、目の前で転倒された選手の方がいて。その瞬間を目の当たりにして、やっぱり恐怖感を感じて、この重みをどうにか自分の演技で表現できないかなと思ったんです。だから今回は、飛ぶ直前に身体を叩いて緊張感を表現しました。そのほうが一本飛ぶことの怖さが出てくるのかなと思って。

――劇中で高橋が言う、「飛んでる間だけは、自由なんです」というセリフが印象的でした。その一瞬の自由を味

「今を生きること」さえできれば、自然と竜二さんになれるような気がしました

わうために、怖さを乗り越えないといけないんですね。

恐怖に打ち勝つことが竜二さんの自信になったからこそ、自由を感じられるいい時間だと感じたのかなと。そんなことを思いました。

——テストジャンパーたちは、「何のために飛ぶのか」を自問自答しながら最後のジャンプに挑みます。その中で高橋が「飛びたい」と言えたのはどうしてだと思いますか？

ここで日本代表が飛べずにオリンピックが終わってしまうことのほうが悔しかったんじゃないかな。自分よりもみんながここで終わってしまうのが嫌だと思ったから飛んだんだと、僕はそう思います。人のために生きたときって、怖くないんでしょうね、きっと。なんか今、名言出ましたよね（笑）。

——名言いただきました（笑）。飯塚監督が、最後のジャンプを飛んだあとの山田さんの顔がものすごく良かったとおっしゃっていました。

本当に飛んだわけじゃないんですけど、自然とあの顔になったというか。もう別に演技してないんです。どういう風に映っているのかもわからないんですけど、あの瞬間は自然と声も震えていたし、泣きそうになっていて。ものすごくいろいろな思いが乗っかってきました。竜二さんを演じるために、たくさんのことを考えた時間がその気持ちを呼び起こしてくれたんだと思います。今回のメンバーとの撮影がすごく楽しかったというのも大きいですね。

——実際に山田さんがテストジャンパーだったとして、最後のジャンプは飛びますか？

飛びます。絶対に飛ぶ。「死んでもいい」とか言っちゃうと思います。命とか懸けがちなので（笑）。どんな悪天候でもいいです。だって飛ばなかったら悔やむと思いますから。そのとき僕が飛ばずに競技が中断になったら一生後悔しますよね。実際に映画のようなセリフを竜二さんが言ったかはわかりませんが、そのときの竜二さんと同じ気持ちだったと思います。

——共感できる部分の多い役だったんですね。他には何かありましたか？

不思議と僕は役と自分の人生が重なることが多いんです。引き寄せているのか、引き寄せられているのか。でもやっぱり、竜二さんの、「今を楽しむこと、今を生きること」という言葉が僕の人生にとっても言えることだなと、今回すごく心に響きました。この作品は完全なフィクションとは違って、日本代表を裏側で支えたテストジャンパーたちの生き様が描かれているんですよね。だから見ていただいた方に、「一人で生きてるんじゃないんだぞ」ということを感じてもらいたいというか。支えてくれている家族や友達、まわりの人たちがいるから自分はがんばれるんだということを、改めて知ってほしいです。

——実際にジャンプ台に立たれてみて、いかがでしたか？

僕は最初から全然怖くなかったんで

す。でもそれは、これまで何度もお世話になっているアクション部さんが後ろにいてくれたから。安心感がありすぎて、これぞまさに「舞台裏の英雄たち」だなと。実際は何もないまま飛んでいくわけですからね。それを考えると「とんでもないな」と思いました。やっぱり小さいころから始めないとできない競技ですよね。そういえば原田さんは、「僕は高所恐怖症だから」とおっしゃっていて（笑）。ジャンプはできるのにジャンプ台から下は見られないそうなんです。だからもう、メンタルというか、ハートの強さだけで飛んでいるのかなと。スポーツに限らず、生きていく中でもハートの強さは重要ですから。

――メンタルを鍛えるために、何か気をつけていることはありますか？

僕らの仕事は自然と鍛えられますよね。当たり前ですけど、幸せなことだけではないですから。表があれば裏もたくさんあるというか。金メダルを逃してしまったリレハンメルオリンピックの記者会見のときのように、人前では常に笑顔でいなきゃいけない。どんなに嫌なことを言われても、表に出る立場としては、「銀メダルですみません」と答えるしかないんですよね。その裏にはもちろん悔しい思いがあると思うんです。僕らはサイボーグじゃなくて人間で、心があるんですから。悔しいことも悲しいこともたくさんありますけど、それを見せられないから、自然とメンタルは鍛えられていきますね。

――表に立つ人も、裏に回る人も楽しいことばかりではないですもんね。

そうなんですよね。だから、俳優の仕事にも悔しいことや悲しいこと、怒れることがたくさんあるので、一つひとつの作品をやるごとにジャンプを飛んでいるみたいなものだなと思います。どんなことをするにも、大切なのはまさに「ソウル」なんですよ！（笑）

――確かに山田さんのお芝居からはいつも「ソウル」を感じます。そして、タイトルの「ヒノマルソウル」も、劇中で高橋が言いますね。

そうなんです！　僕は普段からよく、「魂だろ！」と言っていたのもあって、ぴったり重なるなと思いました。タイトルをさらりとセリフで言うのも、一切恥ずかしいとは思わなかったです。

――「魂だろ！」は、山田さんらしい言葉ですね。

僕は人と接するのがすごく好きで、人の気持ちがわからない人は俳優にはなれないとすら思っているんです。会話の中で相手の思いを聞くことも勉強になりますし。お芝居が下手でも、人の気持ちがわかる人間になろうと思って、どんな作品でもすべて魂を込めてやってきました。自分の中で、「これは一〇〇％じゃないな」と思う瞬間があったら腹が立つんですよね。そして、この『ヒノマルソウル』で出演一〇〇作目くらいなんです。でも圭さんに聞いたら、二四〇作目くらいだと言っていたので、僕なんてまだまだだなと（笑）。

――飯塚監督の現場はいかがでしたか？

少し舞台裏のことを話すと、僕は以前、飯塚監督のドラマのオーディションを受けたことがあるんです。しかも、そのときに緊張してセリフがぶっ飛んでしまって……。悔しくて忘れもしない、クリスマスの日でした。オーディションが終わったあと、自転車を漕いで泣きながら帰りました。五年くらい前のことですね。そのオーディションは大好きな山田孝之さんが審査員で、緊張しすぎて真っ白になってしまったんです。それからずっと悔しい思いを抱えていたら、二年前ぐらいに飯塚監督の作品に初めて呼んでいただいたんです。そのときは、「良かった！　ご一緒できた」とすごく嬉しかったですね。それでまた今回も呼んでいただけたので、本当にありがたいです。だから最後のジャンプシーンのあと、監督から「めっちゃいい顔してたよ」と言ってもらえたときは、いろいろな意味で「あー！　飛んだー！」と思いました（笑）。

――飯塚監督は今回の撮影で、「山田裕貴は常に良かった」ともおっしゃっていました。

本当ですか？　ずっと怖かったんですよ。一度失敗していますから。本当にジャンプの失敗と一緒で、セリフが飛んで出てこなくなった状況を思い出すんです。監督に以前呼んでいただいた作品のときも、緊張ともまた違った恐怖心がこみ上げてきてしまって……。「これがトラウマか」と思いました（笑）。だからこの作品は、もちろん竜二さんを一生懸命に生きることが一番でしたけど、飯塚監督にもう一度僕の演技を見てもらいたいという気持ちもあったんです。今回、白馬ロケでガッツリと長い時間ご一緒できたので、心に残る作品になりました。

――実際にオリンピックが行われた白馬での撮影ということで、チームの絆も深まったのではないでしょうか。

やっぱり白馬とか、少し遠くに来ると、ゆったりと流れる時間がありますよね。キャストやスタッフのみなさんとコミュニケーションを楽しむ時間があったので、現場の雰囲気も良かったと思います。僕はこの作品が二〇二〇年のスタートだったんですけど、始まりがこの作品で本当に良かったなと。やっぱり、実際にオリンピックが行われた競技場で撮影できたということが大きいですよね。この作品に関わっていなければ、あのスタート台には立てていないわけですから。今回、撮影中に長野オリンピックで金メダルを獲った斎藤浩哉さんにお会いして、金メダルを首にかけていただいたんです。

――金メダリストの気分も味わえたんですね！

よくテレビで、メダルを見た方が「金メダルの重みを感じます」みたいなことを言ってるじゃないですか。これまでの僕は、「そんな重みなんてわかるわけないだろ。自分がやってるわけじゃないんだから」なんてひねくれた見方をしていたんですけど、金メダルをかけてもらってすぐに同じことを思いましたから（笑）。実質的な重みではなくて、メダルにいろいろな人の思いが詰まっているということを本気で感じたんです。本当だった！ メダルの重みを感じました！（笑）

――スキージャンパーを演じたからこそ、重みを感じた部分もあるかもしれませんね。

それもあるかもしれません。でも斎藤さんは、ポケットから金メダルを出して、「メダルかける？」と気軽な感じでしたけど（笑）。

――この作品をきっかけに、スキージャンプという競技に興味を持つ方もたくさんいらっしゃると思います。

そうだといいな。公開されるときには、劇場の冷房をちょっと強めにしていただいて、「白馬温度上映」とかをやっていただけると、さらに白馬の雰囲気を味わいながら見ていただけるかもしれません。見に来ていただく方が風邪をひかないように、「着込んで来てください」というアナウンスをしてもらって（笑）。

――そもそも山田さんご自身は、スキー経験はあったんですか？

まったくありませんでした。スキー場に行った記憶もないくらい。だからスキー板をつけるのも初めての経験だったので、本当に大丈夫かなと思っていました。それで、スキージャンパーの領域まで持っていかないといけないわけですから。本当にプレッシャーでしたよ。だって、空サッツなんて本当は一年くらい練習してできるようになるみたいですし。それを二、三日でやらなきゃいけないのが僕らのお仕事ですからね。でも、それが大変とは思わないというか。圭さんも言ってたんですけど、スキージャンパーのように見せられないほうが悔しいんです。キャストのみんなもそう思っていたんじゃないかな。できていないほうが悔しいから、何回でも練習してできるだけ完璧に近づけたいんです。

――改めて、座長の田中圭さんとの共

演はいかがでしたか？

今回、圭さんの背中を見ながらやれたことが、僕にとってすごく励みになりました。圭さんのいる現場は本当に楽しいんです。空気をピリッとさせないというか。今回も撮影中に僕の部屋に来てくれて、「現場でみんなとコミュニケーションを取りながらやるときが一番良くなるって気づいたんだ」という話をしてくれました。以前の圭さんは、自分から話すほうでも、積極的に声をかけにいくほうでもなかったそうなんですが、今回もテストジャンパーのみんなをご飯に連れて行ってくれたり、「風呂行くぞ！」と声をかけてくれたり。交流する機会を作ってくれていましたね。ご飯に行くのも、圭さんがみんなに声をかけて予約までしてくれるんですよ。そんな姿を見て、「こういう人だから座長としていられるんだな」と本当に思いました。

——頼りになる存在ですね。

本当にそう思います。僕は普段、あまり人に相談しないんですけど、本当に悩んだときには圭さんに聞くんです。「圭さん、こんなときはどうしてますか？」って。圭さんが前に、「僕はなかなか主演をやらせてもらえなかったから、悔しい思いがすごくあった」とおっしゃっていたんです。僕もまだ主演が少ないけれど、圭さんをお手本にしてやっていけば、圭さんみたいになれるのかなと。自分にとっての道標みたいな人ですね。いてくれるだけで安心できるというか。お芝居でも、きちんと受け取って柔軟な反応をしてくれるので、演じていてすごく勉強になるし、楽しい。僕が俳優養成所時代に学んで大切にしている、「セリフは相手のためにある、相手のセリフは自分のためにある」ということを、何も思わずにやられている方だなと。毎回「すげー！」と思いながら学ばせてもらっています。

テストジャンパーたちのお手紙リレー

強い絆でむすばれたテストジャンパーたちのインタビュー、
直筆のお手紙でバトンパスをしていただきます！
次は……

山田裕貴さん ▸▸▸ ✉ ▸▸▸ 眞栄田郷敦さん

郷敦へ

郷敦は気持ちの入るシーンになると
「どうですかね？」
「裕貴さん、どんな感じですか？」と
聞いてきてくれた。
自分も同じ気持ちだし、
そんな郷敦を見て
可愛いなと思うと同時に
大丈夫だよって思ってました。

山田裕貴

南川崇役

眞栄田郷敦

［プロフィール］

眞栄田郷敦（まえだ・ごうどん）

2000年生まれ。主な出演作品に、『ノーサイド・ゲーム』、『私の家政婦ナギサさん』、『教場Ⅱ』、『星になりたかった君と』など。その他の主な映画出演作は、『小さな恋のうた』『午前0時、キスしに来てよ』、『東京リベンジャーズ（2021年公開予定）などがある。

衣装：DSQUARED2（03-3573-573）　スタイリストMASAYA（ADDICT_CASE）　ヘアメイク：Misu（ADDICT_CASE）

こんなに熱い出来事があったと知って、「やらせてください！」と即決でした

―まずはこの作品への出演が決まったときのお気持ちと、最初に脚本を読まれた感想を教えてください。

僕が生まれる前の出来事だったということもあって、正直、長野オリンピックも、スキージャンプ団体が金メダルを獲ったこともまったく知らなかったんです。だから今回の脚本を読んで、こんなに熱い出来事が実際にあったと知って、僕自身もすごく熱くなりました。もともとスポーツは好きですし、共演させていただくキャストのみなさんが魅力的だったのもあって、お話をいただいたときは「やらせてください！」と即決でした。

―今回演じられた南川崇は、ケガがトラウマとなり飛ぶのが怖くなってしまったジャンパーです。実際にジャンプ台に立たれてみていかがでしたか？

初めて実際に立ってみて、すごく怖くて、ジャンプ台に慣れることで精一杯でした。でも、何回か練習しているうちに高さには慣れていきました。慣れてはきたものの、最初の「怖い」という感覚は南川を演じる上でとても大事だと思ったので、忘れずに覚えておこうと思いました。

―南川の心境と重なるところはありましたか？

南川の気持ちはもちろん、実際にジャンプをやられている選手でさえも、ジャンプ台に立って飛び立つ瞬間は「怖い」と感じるということなので、その怖さはきちんと覚えておいたほうがいいなと思いました。

―眞栄田さんご自身は、高いところは平気なほうですか？

高いところは苦手ではないんですけど、今回は雪の中で、しかもスタート地点ではゲートに設置された一本のスターティングバーを移動して座るという状態なので、いつもとは少し違う感覚でした。僕たちはハーネスを付けてロープで吊ってもらっていましたけど、実際の選手はそれがない状況だと思うと、そうとう怖いだろうなと思いながらスターティングバーに座っていました。

―ジャンプ選手は体重が軽いほど遠くまで飛べるということもあって、今回かなり減量されたそうですね。

以前、出演した作品で体重を増やしていたこともあって、今回はかなり減量しないといけなかったんです。ただ、ジャンパーのみなさんって、体重制限のルールがあって、軽すぎてもダメということだったので、一番いい体重に合わせていくためにがんばりました。食事管理と筋トレを入れながら体重を落としていきました。

―さらに今回はスキージャンパーの役を演じられるということで、そちらの準備も大変だったのでは？

空サッツの練習はめちゃくちゃむずかしかったです。僕は劇中で実際にやるシーンはないのですが、同じ体勢を取るスタートシーンがあるので練習をしました。空サッツは、あの体勢を取るだけでもしんどいんです。短時間しか練習できなかったのですが、指導してくださる先生に何度も聞きながら、姿勢や見え方、所作などを意識して、できるだけ練習しました。

―確かにかなりの前傾姿勢ですよね。姿勢の維持が一番大変でしたか？

そうですね。姿勢を維持することもですが、そもそもその姿勢に持っていくこと自体が大変なんです。背中をまっすぐにして、足も、ハムストリングもストレッチさせている状態ですから。指導の先生から、「体のすべてを連動させていく」と言われたんですが、何かを少し変えると、体の連動がすべて狂ってしまうことも多くて。空サッツの形は、ちょっと見ただけでもできていないことがすぐにわかってしまうので、鏡で形を見て、何回も何回も練習して本番を迎えました。でもこの動きがすごくキツくて、他のキャストのみなさんとも「この動きはヤバいね」と話していました（笑）。空サッツは二人一組でやるので、飛ぶほうも大変ですが、持ち上げるほうも大変で、人を一人持ち上げるので、腕もパンパンでした。

―南川はケガのトラウマを隠すために最初は虚勢を張っていますが、だんだんとまわりの選手たちに影響されて気持ちが変化していきます。その揺れ動く部分はどのように演じられていたのでしょうか？

南川は実力がある分、プライドがめちゃくちゃ高いんです。自分の弱い部分を見せずにカッコつけるタイプ。でも、やっぱりどこかで「飛べなくなってしまった」という事実を克服したい気持ちはあるので、西方さんの本音を

聞いたり、賀子をはじめとした他のテストジャンパーたちのがんばる姿を見たりして影響されて、だんだんと変わっていったのかな。「このままの自分だとジャンプ人生が終わる」ということを感じたんだと思います。そこからプライドを捨てて、勇気を出して西方さんに「教えてください」とアドバイスを求めるまでになっていく。テストジャンパーをやっていなかったら、南川の成長はなかっただろうなと思いながら演じていました。

―そこまでプライドの高い南川が、オリンピックを目指す選手にとっては屈辱的なテストジャンパーに加わったのはどうしてだと思いますか？

それは僕も考えました。言葉では「スキー連盟にいい顔をしておきたい」なんて言ってはいましたけど、やっぱりどこかで、変わらないといけないと思っていたんでしょうね。「飛ぶのが怖い」という現実と向き合うことが自分一人ではむずかしくて、その一歩を踏み出すために参加したんじゃないかな。

―南川に共感できるところはありましたか？

自分の弱さって、やっぱり誰にも見せたくないと思うんです。その気持ちはすごくわかります。僕も中学、高校時代はカッコつけてしまうところがありましたから。この、本音を言いたくないから何かカッコつけちゃう感じが、人間の弱さなんでしょうね。

―25人全員が無事に飛べたら競技再開ということが決まり、テストジャンパーたちは自分の気持ちをそこで話します。でも南川はまとめ役に徹していて、自分が飛びたいかどうかは言っていないんです。あのときはどのような気持ちだったのでしょうか？

賀子の気持ちを聞いても、南川は危険だからやめたほうがいいという意見なんです。でも、高橋の言葉で少し気持ちが揺れ動いて、そして賀子の強い意志を受けて気持ちが変わっていったというか。それにかぶさるように他のテストジャンパーのみんなの真摯な言葉を聞いて、南川自身も「やるしかない」という気持ちになっていったんじゃないかな。最初は無茶だしあり得ないと思っているけど、みんなの思いを聞いて、自分が変われるのは今しかない、そして初めて人のために飛びたい、そう感じたんだと思います。

―最後のジャンプのシーンのときの気持ちはいかがでしたか？

自分の人生も、日本代表の金メダルもかかっているジャンプですからね。さまざまな思いを背負って飛ぶプレッシャーは半端じゃないと思いますが、成功したときの喜びもその分半端じゃないだろうなと思ったので、着地したときはその気持ちをできるだけ出すようにしました。南川のジャンプが、その後に続くテストジャンパーのみんなとの絆を生んだというか。そこからどんどんとつながって飛んでいくわけですからね。あのシーンは最大の見どころだと思います。

――例えば、眞栄田さんご自身がテストジャンパーだったとして、あの過酷な状況の中で飛べると思いますか？

南川と同じ、ケガのトラウマもあってあの悪天候で、ということですよね……。飛べないです。絶対飛べない！（笑）だって、南川はラストジャンプの瞬間まで一度も飛べていなかったんですよ。僕だったらそんな過酷な状況でトラウマを克服しようとは思えないです。飛んで、無事に着地できたから良かったですけど、何が起こってもおかしくはない状況ですから。いや、でも……。悩みますけど、やっぱり一発目に飛べた南川はすごいと思います。

――今回、表舞台に立つ選手を陰で支えるテストジャンパーを演じられましたが、眞栄田さんご自身にも支えてくれる方がいらっしゃると思います。その支えのおかげでがんばれたという経験はありますか？

俳優のお仕事をやらせていただく上では、本当にそれしかないです。まわりに支えてくれる人がいるからがんばれる。僕一人の力だけでは何もできないですから。いつも感謝しながら力をもらっています。

――この『ヒノマルソウル』という作品に出演して、俳優として成長したなと感じた部分はありますか？

これまで演じたことのないような役だったこともあり、とても新鮮でした。もちろん自分の演技に納得していない部分もあるんですけど……俳優としての引き出しは増えたかなと思います。飯塚監督は細かく言うタイプの方ではなかったのですが、ポイントポイントでありがたいアドバイスをしてくださって。何より、（田中）圭さんや（山田）裕貴さんの背中を見て、俳優として考えさせられることが多かったです。すごくいい経験をさせていただいたなと思っています。

――田中さん、山田さんの演技に刺激された部分があったのでしょうか？

それはもちろんありました。役を掘り下げる力、その場での対応力は、やっぱり二人はすごいなと思っています。今回の撮影は雪山で、しかもスキージャンプ選手の役を演じるわけですから、自分が想像していた以上のことを求められる場面が多かったんです。でも、そのとき起こっていることや、相手の芝居を受けるときに、二人は常に「役を生きている」という感じがしたんです。それを見て本当に考えさせられましたし、僕もがんばろうと思いました。ものすごく刺激的な一か月間でしたね。

――座長としての田中さんはいかがでしたか？

いやー。本当にすばらしい座長だと思います。すごくまわりの状況を見ていてまとめるのも上手で。言葉で言うわけではなくて、背中で語ってくれるというか。

――撮影中もキャストのみなさんと食事に行かれたそうですね。

最初にメインキャストのみなさんと食事に行ったときは、作品や役の話をするというよりも、みなさんと交流を深めるといった感じでした。その次に圭さんがテストジャンパーのみんなを一緒に食事に連れて行ってくださったときには、圭さんから熱い言葉をいただきました。

――みんなが気軽に言い合える空気を作ってくれていたんでしょうね。

そうだと思います。キャストみんなとの関係性が良くなるように、圭さんが先頭に立って盛り上げてくれていたように感じました。そういった圭さんの気持ちが、今回のチームの絆を深めてくれていたんだなと。古田（新太）さんも、今回ご一緒できてすっごくおもしろかったです（笑）。

――今回、飯塚監督の印象はいかがでしたか？

すごく自由にやらせてくださる監督だなと思いました。先ほども言ったように、本当に細かいことはそんなに言わないんです。でも、たまにくださるアドバイスが、本当にためになって。役者として新しいテクニックになるようなことも教えてくださいました。

――普段はすごく穏やかですけど、締めるところはバチッと締めるような監督ですよね。

そうみたいですね。話で聞いただけですが、締める瞬間は怖いらしいです（笑）。

――撮影に入る前に、南川をどう演じていくかについて、監督と話をされたのでしょうか？

僕が演じた南川は、圭さん演じる西方さんや、裕貴さん演じる高橋さんのように実在した人物ではないものの、いろいろな選手のエピソードが合わさった役なのかなと思っていました。最初は監督とプロデューサーと僕がそれぞれ持っている南川のイメージが少し

違っていたんです。南川は強がりなところもあるけれど、スポーツマンで、オリンピックを目指している人なので、悪いやつにも見えすぎたくないと僕は思っていたのもあって、それぞれの意見を取って交換しながらイメージのバランスを取って作っていきました。ケガで日本代表に選ばれなかったということに対してふてくされている感じも、行きすぎないように演じつつ、シーンによってはもっと嫌なやつに見えたほうがいい、といったようにいろいろと意見を出し合いながら。やっぱり心の中に抱えているものもある複雑な役なので、どのような人物なのか、監督とプロデューサーとコミュニケーションを取って、イメージがずれていかないように演じていました。

――観客のみなさんは、南川のような挫折を知っている人物に感情移入しやすいかもしれませんね。

そうですよね。複雑な思いを抱えている南川のような人は、とても人間っぽいですよね。

――スキージャンプの選手を演じてみて、改めてスキージャンプという競技についてどう思われましたか？

スキージャンプはもともとすごくおもしろい競技だなと思っていて、よく見ていたんです。だから今回、その競技に携われて嬉しかったです。さらにブラッシュアップして新しく知れたこともあったので良かったなと思っています。みなさんに見ていただき、どんな反応をいただけるのか、公開されるのが本当に楽しみです。

――とても身体能力が高いなと思ったのですが、今回のようなスポーツマンの役は演じていかがですか？

僕自身、身体を動かすことが好きなので、スポーツ系の役はもちろん嫌いではないです。嫌いではないですけど、人間の心を掘り下げていくような、繊細な役作りを必要とする人物を演じる

のも楽しいです。どちらにもやりがいを感じています。

――この作品をきっかけに、スポーツ系も含めたさまざまなオファーが舞い込むのではないでしょうか。

お願いします（笑）。

――二〇一九年にデビューされて、まだ二年の眞栄田さんですが、数々の話題作に出演されて、作品ごとに新しい魅力を発揮されています。今後、どんな役をやってみたいですか？

どんな役をやりたいかというよりも、そのときそのときにいただいている役を精一杯やりたいなと思っています。今、別の作品で演じている役があるんですけど、本当にむずかしくて。本当にむずかしい……。でも、がんばります！　俳優の仕事には正解がないので大変な部分もありますが、これからもいろいろな人生を演じていきたいと思っています。

――一見、クールな眞栄田さんですが、熱くなる瞬間はどんなときですか？

熱くなる瞬間ですか？　心の中はいつでも熱いですよ（笑）。

――『ヒノマルソウル』では、眞栄田さんの熱さがたっぷり見られますね。最後に、作品を見ていただく方へのメッセージをお願いいたします。

僕はこの作品に関わるまで、長野オリンピックでスキージャンプ団体が金メダルを獲ったことを知らなかったのですが、当時、見ていて熱くなった方も多いと思います。今回の作品では、その栄光の裏側で日本代表選手を支えたテストジャンパーたちの姿と、実際に起こったドラマが描かれていますが、どんな世界でも、裏側で支えてくださっている人はたくさんいると思うんです。多くのことは、表に出ている人の何倍もの、裏で支えてくれている人のおかげで成立していて、その支えてくれる一人ひとりに命や意思、個性がある。この作品をきっかけに、表だけでなく、裏側にも目を向けてほしいなと思うんです。この映画でテストジャンパーという裏側の存在に目を向けてもらうことが、普段何気なく目にするものには、表側だけではなく裏側もあるということを考えるきっかけになればと思っています。ぜひ、裏側のドラマを感じてください。

テストジャンパーたちのお手紙リレー

強い絆でむすばれたテストジャンパーたちのインタビュー、
直筆のお手紙でバトンパスをしていただきます！
最後は……

眞栄田郷敦さん ▶▶▶ ✉ ▶▶▶ 小坂菜緒さん

小坂さんへ

約一ヶ月、ありがとうございました。
長いようであっという間だった長野ロケで
すごく印象に残ってるのが
毎朝、誰よりも早くロケバスに集合してる
小坂さんの姿です。
決して楽なことばかりではなかった一ヶ月間でしたが、
文句や愚痴を一切こぼさず、撮影もアイドルとしての
お仕事も両方手を抜かず、
全ての事にまっすぐ向き合う姿、
内に秘めた強い想いに刺激を受ける日々でした。
また、お仕事させていただけるように精進します。

眞栄田郷敦

小林賀子役 小坂菜緒

［プロフィール］

小坂菜緒（こさか・なお）

日向坂46メンバー。2002年生まれ、乙女座。女性ファッション誌『Seventeen』の専属モデルとしても活動している。

スタイリング：アルカトロック
ヘアメイク：大出理沙（マクスタア）

郵 便 は が き

料金受取人払郵便

新宿北局承認

8720

差出有効期間
2022年11月
30日まで
切手を貼らずに
お出しください。

169-8790

154

東京都新宿区
高田馬場2-16-11
高田馬場216ビル 5 F

サンマーク出版愛読者係行

ご 住 所	〒 都道府県	
フリガナ		☎
お 名 前		(　　)
電子メールアドレス		

ご記入されたご住所、お名前、メールアドレスなどは企画の参考、企画用アンケートの依頼、および商品情報の案内の目的にのみ使用するもので、他の目的では使用いたしません。
尚、下記をご希望の方には無料で郵送いたしますので、□欄に✓印を記入し投函して下さい。
□サンマーク出版発行図書目録

1 お買い求めいただいた本の名。

2 本書をお読みになった感想。

3 お買い求めになった書店名。

市・区・郡　　　　町・村　　　　書店

4 本書をお買い求めになった動機は?

・書店で見て　　・人にすすめられて
・新聞広告を見て(朝日・読売・毎日・日経・その他＝　　)
・雑誌広告を見て(掲載誌＝　　)
・その他(　　)

ご購読ありがとうございます。今後の出版物の参考とさせていただきますので、上記のアンケートにお答えください。**抽選で毎月10名の方に図書カード(1000円分)をお送りします。**なお、ご記入いただいた個人情報以外のデータは編集資料の他、広告に使用させていただく場合がございます。

5 下記、ご記入お願いします。

ご職業	1 会社員(業種　　) 2 自営業(業種　　) 3 公務員(職種　　) 4 学生(中・高・高専・大・専門・院) 5 主婦　6 その他(　　)		
性別	男・女	年齢	歳

——長野五輪は小坂さんが生まれる前の出来事ですが、スキージャンプ団体の金メダルはご存じでしたか？

知っていました。私はスポーツ観戦が好きなので、今までのオリンピックも結構見ていて。スキージャンプ団体が長野で金メダルを獲ったときの映像も見たことがありました。

——実際にジャンプ台の上に立たれてみて、いかがでしたか？

実際に競技が行われた場所に立てたことは本当に貴重な体験でした。最初は怖すぎて足が震えました。でも、だんだんと慣れていって、演技をしているときは不思議と「怖い」という気持ちがなくなりました。本番が始まる前に、テストジャンパーのみんなと「がんばれ！　がんばれ！」と言い合って緊張をほぐしていたのも良かったのかな。でも休憩中にふと我に返って「やっぱり怖い！」と思う瞬間はありました（笑）。

——空サッツがとても上手だったと、スキージャンプ指導の山田大起コーチがおっしゃっていました。

本当ですか？　空サッツは本当にむずかしくて。私は飛ぶ側だったのですが、飛んでいるときの姿勢もそうですが、支えていただく練習相手が男性なので、その高さに合わせて飛ばなければいけないところにも体力を使いました。もともと中学生時代にバレーボールをやっていてジャンプ力には自信があったので、自分のジャンプ力を信じて練習していました。

——どのくらい練習されたのですか？

二日間練習して次の日には本番という感じでした。練習時間は短かったのですが、支えてくださる山田裕貴さんのことを信じて思いっきり飛びました。

——今回演じた小林賀子は、葛西賀子さんという実在の方をモデルにした人物です。演じてみていかがでしたか？

実際にいらっしゃる方の役を演じるのも、スキージャンプも初めての経験だったので、むずかしい部分はありました。ただ、取り組むスポーツに対しての「熱」をきちんと表現すれば、演技でも「熱」が伝わるかなと思って演じました。

——葛西賀子さんに実際にお会いになった印象はいかがでしたか？

唯一の女性テストジャンパーとして、あの過酷な状況で飛んだとは思えないくらい小柄な方だったので驚きました。賀子さんに、「悪天候の中で飛ぶのは怖くなかったんですか？」とお聞きしたら、「まだ高校生で、若かったから何も考えずに飛べました。若くなかったら飛べなかったかもしれない」とおっしゃっていて、怖がらずに突き進む

姿はカッコいいなと思いました。私は深く考えてしまうタイプなので。

――最後のジャンプシーンはどのような気持ちで撮影されていましたか？

「もう終わりなんだ」という諦めモードの中で、それでも夢を諦めきれない、若さゆえのがむしゃらさを表現したいと思いました。テストジャンパーの誰か一人が失敗すれば、その時点で日本の金メダルの夢もなくなってしまう。賀子さんのオリンピックも終わってしまうわけですから。人生のすべてがかかっているテストジャンプだったので、そこはもう等身大の自分で勢いにまかせて、熱を込めて演じるしかない、という気持ちでした。

――賀子は最初から最後まで諦めない、強い女性です。どうしてそんなに強い意思を持てたのだと思いますか？

当時は女子スキージャンプという種目もなくて悔しい思いをしていたと思うんです。だからこそ、男性の中で「女子も飛べるんだぞ」とアピールしたかったというか。ここで存在感を見せることが夢への近道だと思っていたのではないかなと思います。あとは意地です（笑）。負けず嫌いなので、「負けてたまるか！」みたいな思いもたぶんあったと思うんです。

――小坂さんは負けず嫌いですか？

負けず嫌いです！　演じているときも「本当に負けたくない！」と思っていましたから（笑）。

――賀子は父親に反対されながらもテストジャンプに挑みます。もし、小坂さんご自身が、アイドルになることをご家族に反対されたらどうしますか？

私も反対されたとしても東京に行っていたと思います。だから賀子さんの気持ちが少しわかりました。絶対に叶えたい夢があるという部分も、すごく自分と重なりました。

――テストジャンパーの紅一点でしたが、撮影現場はいかがでしたか？

共演者のみなさんが、テレビなどで見させていただいていた方ばかりだったので、勉強させていただくことばかりでした。だから最初も、お話するのに結構時間がかかってしまって……。でも、田中圭さんと山田裕貴さん、眞栄田郷敦さんが輪の中に入れてくださって。本当に三人には感謝しかありません。みなさんが居心地のよい雰囲気を作ってくださらなかったら、たぶん一人でポツンといたと思うので、優しく話しかけてくださって、本当にありがたかったです。

――小坂さんがみなさんにダンスを教えたと聞きました。

そうなんです（笑）。山田裕貴さんがすごくお上手でした！　日向坂46のMVも見てくださって、現場がとても楽しかったです。田中圭さんも座長として、作品自体を引っ張ってくださっていました。演技面でもいろいろと考えてくださって、頼れる存在の方でした。田中さんが思いっきり来てくださるので、私も自然と大声になっていることもあって。演技の幅を広げていただいたと思っています。

――飯塚監督から言われて印象的だった言葉はありますか？

撮影は、テストを含めて同じ演技を何回もくり返しますよね。飯塚監督は、「これは全部初めてのことだから」と何回も言ってくださって。だから私も、カメラが回る前に「これは初めてだ」と何度も思いながら演じていました。

――小坂さんご自身は、あの過酷な状況の最後のジャンプは飛べますか？

ええー！（笑）でも、賀子さんのように、自分の夢を叶えたい、日本の金メダルを見たいといった、何がなんでもやらなくてはいけない状況だったら飛ぶと思います。自国開催できるのも次はいつかわからないですし。ここで飛ばなければ、女子スキージャンプの発展はないですから。すべては自分にかかっていると思ったら、もう、飛ぶしかないですよね。

――賀子の大事なセリフの中に「ソウルとパッション」という言葉があります。小坂さんの心に秘めたソウルやパッションを教えてください。

諦めそうになったときに頭の中にいつも浮かぶのが「努力することをやめるな」という言葉なんです。挫折しそうになったときや壁にぶち当たったときに、努力することをやめたらその時点で終わりなんだと思いながらこれまでやってきました。

――小坂さんのソウルを感じました！

（笑）。諦めてしまったら、自分の実力はそこまでなんですよね。そこを超えられるようにしなきゃいけないという思いと、「努力」という言葉は常に自分の心にあります。悩んだときも深く考えすぎずに「がんばればできる」ぐらいの軽い気持ちのほうが人は動けるんです。軽やかになるために「努力」が必要なので、その言葉に重みを感じています。

――スキージャンプという競技についてはどう思われましたか？

スキージャンプの大会をニュースで見たときに、自然と応援している自分に気づきました。気づくと選手の気持ちになっていて（笑）。ルールにもくわしくなったので、見るのが本当に楽しくて、すっかりハマっています！

ジャンパーたちが教えます！

スキージャンプ用語辞典

映画を一二〇%楽しむために知っておきたい用語を教えます！

監修：山田大起

スキージャンプ

ノルディックスキー競技のひとつ。個人と団体があり、大ジャンプをして飛距離を伸ばしつつ、いかに美しい姿勢を保って飛んだか、着地したかという採点競技です。

テストジャンパー

競技前、悪天候の場合は競技中も、実際にジャンプをして、安全かどうか確認する、実力はあるがいわば裏方のジャンパーのこと。危険をともなうこともある大変な役目です。

ラージヒル、ノーマルヒル

スキージャンプ競技は、ジャンプ台の規模（高さ、ヒルサイズ）によって種目が異なります。白馬ジャンプ競技場の場合は、ラージヒルのヒルサイズ（※）は一三一m、ノーマルヒルは98m。

（※ヒルサイズ…踏み切り台の先端から安全に着地できる目安となる地点までの距離）

K点・P点

ジャンプの着地斜面にある点のこと。ジャンプ台

美しさ、バランス、パワー、テクニック、精神力など多くの要素がためされます！

団体では、4人のジャンパーの2本のジャンプの合計で競います

何を着ているの？

夏冬兼用の「ジャンプスーツ」（厚さ4〜6mm以内、通気性は40ℓ/m²/秒以上）、ヘルメット、グローブ、スキーブーツ、インナーを着用。

映画でCHECK!

男女の差はあるの？

映画でCHECK!

オリンピックでは危険度が高いため男子のみ開催されていたが、2014年ソチオリンピックから女子・ノーマルヒルが正式種目となった。

スタートする条件は？

前の選手が飛び終わるとシグナル（信号）が黄色になる。選手がスターティングゲートのバーに腰を掛け、シグナルが青に変わったら10秒以内にスタートするのが条件。この10秒間だけは、有利に働く向かい風を待つことができる。およそ秒速3〜5m以上の強風が吹くなどの悪天候やアクシデントがあると、シグナルは赤に変わる。

映画でCHECK!

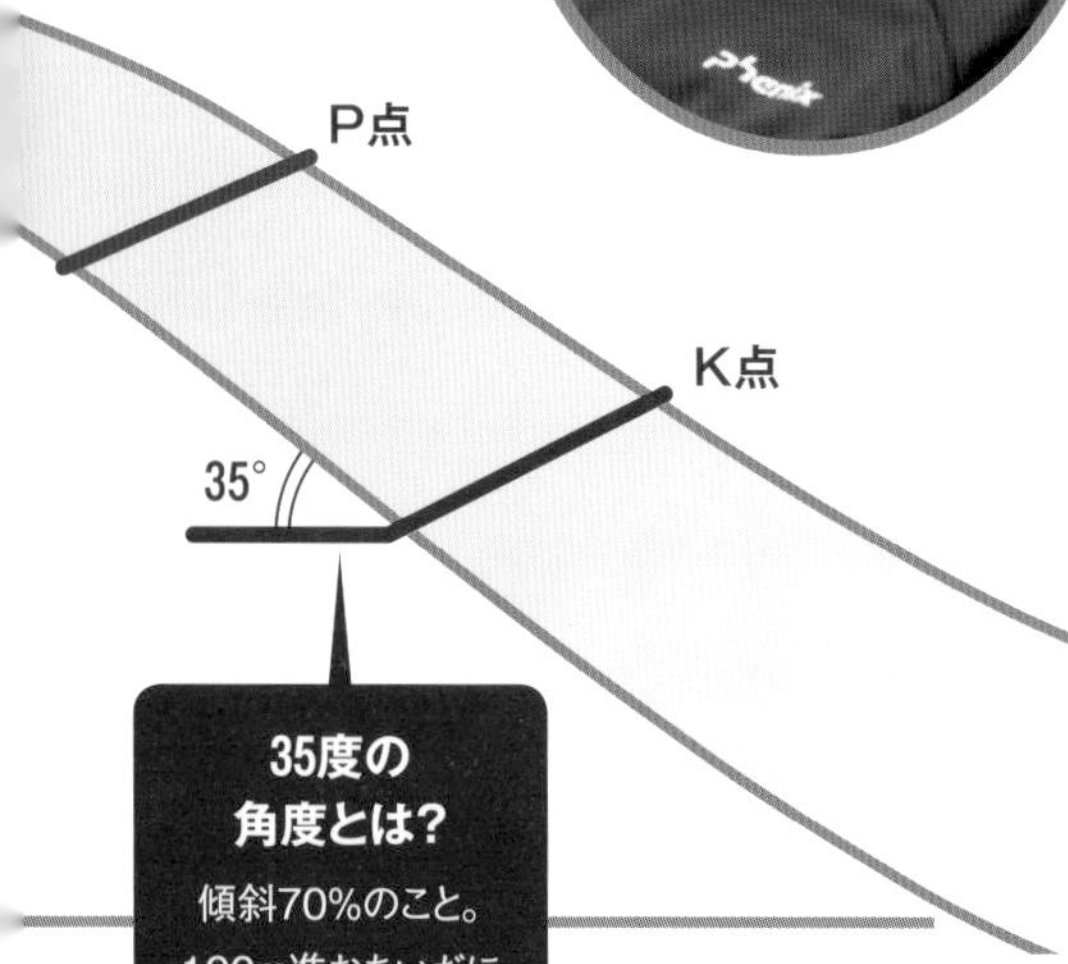

35度の角度とは？

傾斜70%のこと。100m進むあいだに約70m登る。

先端の踏み切り台からの距離を示す、採点のために使われる基準の点。

K点（赤い線）は着地斜面の傾斜曲率が変わる地点で、飛距離の基準点です。K点を超えると加算、K点以下だと減点です（ラージヒルのK点は一〇五～一二五m。ノーマルヒルのK点は75～99m）。P点（青い線）は標準点（優秀な選手が飛べると想定して定めた着地点）です。

採点方法

飛んだ距離の「飛距離点」（K点着地で60ポイント／超えた場合一mごとにポイント増）と、ジャンプ飛型の美しさ、着地の姿勢を五人の飛型審査員が各自20点満点で採点。最低点をつけた審査員と、最高点をつけた審査員の点数をのぞいた三人の合計得点が飛型点となります。

「飛距離点」はK点を超えると一mごとにポイントが増えていく加点法ですが、「飛型点」は減点法。膝の伸び、スキー板の位置、転倒、着地姿勢の失敗などが減点対象になります。

板の長さ

スキージャンプの板は、一般のスキー板よりも長く軽いです。使えるスキーの長さが選手の身長と体重によって変わる「BMIルール」があります。これは、飛距離を伸ばすための過度な減量を防ぐためのルールです。BMI（体重(kg)÷身長(m)÷身長(m)）21・0を基準とし、身長の一四六%の長さのスキー板を使用することができます。BMIが〇・五点下がるたびに、スキー板の長さの比率が減少します。ジャンプはやせ型の選手が多いですが、筋力の向上と、技術の安定化がより求められる競技になりました。また試合後に体重を計測し思いがけず減っていることがあると失格になってしまいます。

※ルールは撮影時のものです

飛距離点は、
スキー板ではなく、
着地したときの足の中間点
で測るんですよ

「テレマーク」が
決まるかどうかでも
大きな差になります

スキージャンプをまわりと比べてみると……？

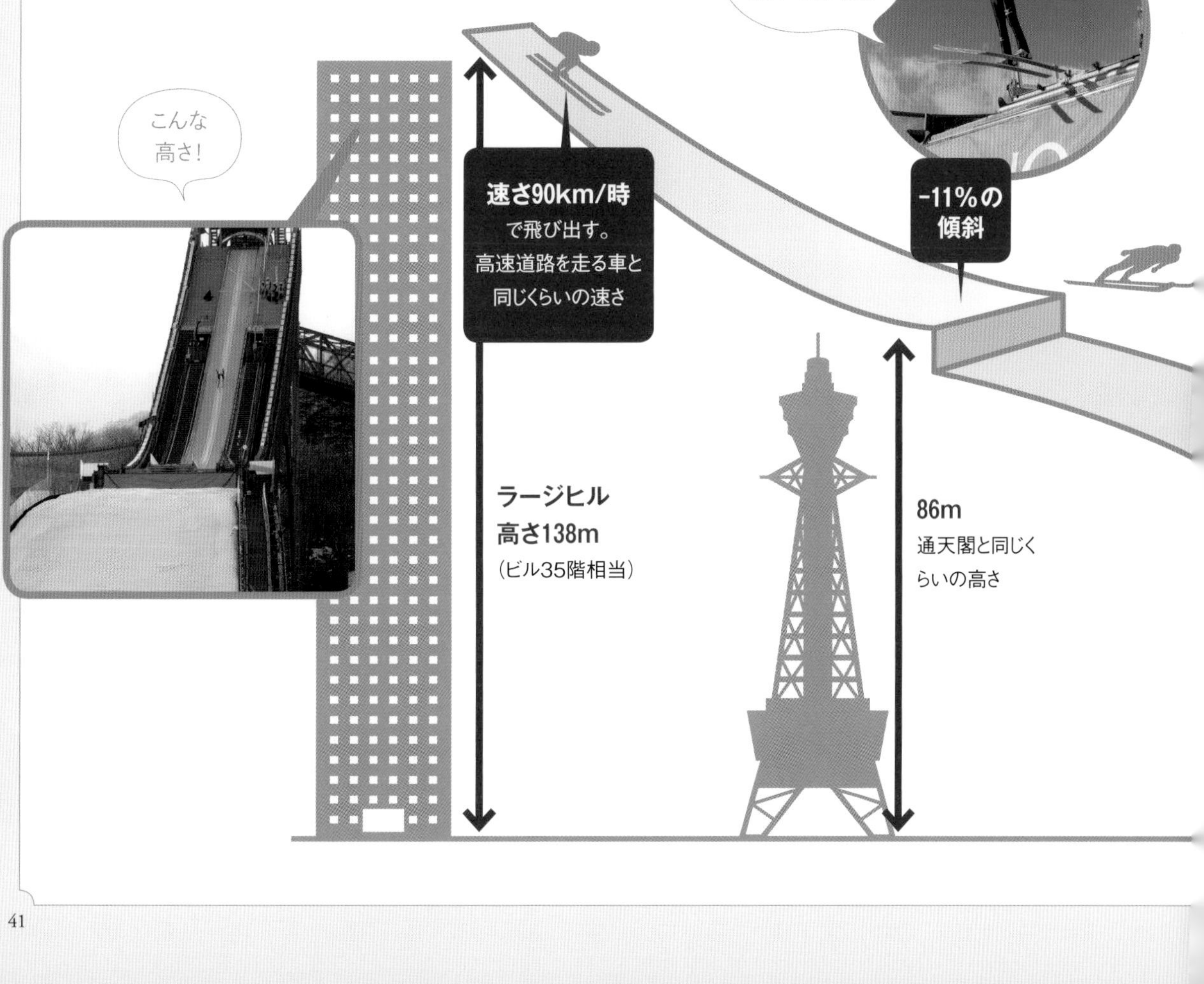
踏み切りの
タイミングを
合わせる
だけでも大変！

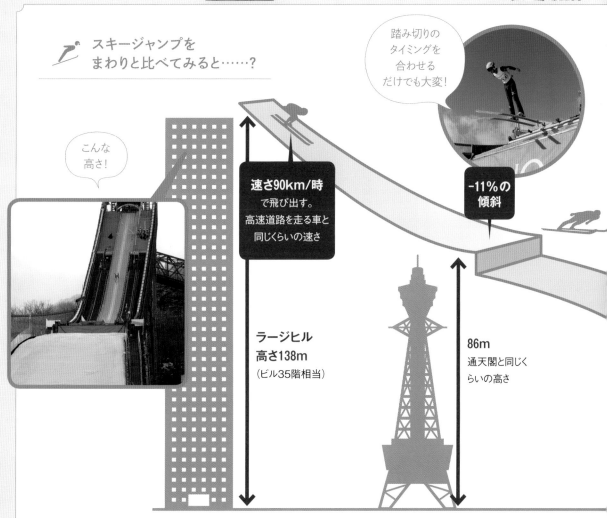

ジャンパーたちのトレーニングと ジャンプの現場に潜入！

ジャンパーとしての振る舞いを習得するため、キャストたちが挑んだ厳しいトレーニングと、スキーシーンの撮影風景をリポートします！

板の持ち方にもコツがあるそう

この姿勢をとるだけでも大変！

空サッツシーンが多く、練習を重ねた田中さんと濱津さん

陸上での筋トレも重要

小坂さんの空サッツはコーチも驚くうまさ！

病院シーンの撮影中にも練習！

撮影以外でも練習を重ねます

山田大起コーチ

動画を見ながら練習

厳しい練習を重ねた、ジャンパーたちのスタートシーン

長い階段を
上るのも大変！

使用アイテムは
入念にチェック

山田さん

田中さん

小坂さん

眞栄田さん

STAFF REPORT! 担当 神谷

ジャンパーたち全員が苦戦した「空サッツ」。ジャンプ指導・監修にあたる山田コーチいわく、とても難しく、何週間か練習したからといって本来できるものではないとのこと。でも、そこはさすがの俳優部たち。撮影の合間も、キャストの間の話題は、空サッツについてばかり。小坂さんがあまりに上手なので、みんな小坂さんにコツを聞いたり、アドバイスをもらったりしながら、全員が努力を重ねていました。田中さんの本番当日、持ち前の運動神経とバランス感覚で訓練成果を発揮し、成功！ 監督含め全員から拍手が起こりました。けれど田中さん本人は、「まだまだ。代表選手に選ばれるくらいなんだから、本当はもっと上手にできないと……」と自分に厳しく感想を言っていました。

西方幸枝役　土屋太鳳

［プロフィール］

土屋太鳳（つちや・たお）

1995年生まれ、東京都出身。2005年に芸能界デビュー。2014年にNHK連続テレビ小説『花子とアン』（14）に出演し、翌年の『まれ』では主演を務め一躍国民的女優に。2016年エランドール賞新人賞、日本アカデミー賞新人俳優賞、2017年TAMA映画賞最優秀新進女優賞受賞。その他の主な映画出演作は、『トウキョウソナタ』、『8年越しの花嫁 奇跡の実話』（第41回日本アカデミー賞優秀主演女優賞を受賞）、『青空エール』、『累-かさね-』、『哀愁しんでれら』、『るろうに剣心』シリーズ（2021年公開予定）などがある。

――今回は、夫である西方を献身的に支える妻・幸枝を演じられましたが、演じてみていかがでしたか？

　幸枝さんを演じてみて、人を支えることは本当に大変だなと改めて感じました。きっと幸枝さんは、疲れて帰って来た仁也くんにどういう言葉をかけたらいいのか、一つひとつ考えながら発していたと思うんです。そのときの幸枝さんの気持ちを理解することがとてもむずかしかったですね。言葉の影響が大きいからこそ、ニュアンスというか、言い方やタイミングが大事になってくると思うので、毎回、「今の言い方で重くなかったかな」とか、「軽すぎたかな」などと、悩みながら演じ

ていました。

――幸枝さんは芯の強い方だと感じたのですが、どんなことを気をつけて演じていましたか？

　プロデューサーさんから実際の西方さんの奥様が、「サバサバしていらして、とても素敵な姉さん女房」だということを聞いていました。最初は、圭さんと11歳も離れていて、キャリアもまったく違う私で大丈夫かな？　という思いが強かったのですが、でも、私なりに演じてみて、夫である仁也くんを支える熱量が伝わったらいいなと考えるようになりました。圭さんはいつも、息子の慎護役の加藤斗真くんと同じ目線でお話されていて、その姿がとてもほほえましいんです。私は姉さん女房ではないですが、「かわいらしい二人だな～」なんて思いながら撮影させていただいていました。

――長野での撮影で、印象に残っていることはありますか？

　長野はやっぱり、長野オリンピックの印象が強いです。白馬は一度、アルペンスキーヤーの役を演じた作品の撮影をしたことがあったので、とても懐かしくて大好きな場所です。そして今回は、実際の仁也さんのご実家が経営されている民宿で撮影ができたことが何よりも素敵な思い出です。仁也さんが育った場所の空気を吸って、自分の足で立つことができて幸せでした。飾ってあったたくさんのトロフィーを見て、どれだけの大会に出てこられたのだろうと思いをはせました。

――長野オリンピックでスキージャンプ団体が金メダルを取ったことはご存知でしたか？

　当時はまだ三歳くらいだったので、あとから知りました。母が、スキージャンプ団体の試合に本当に感動したようで、「あのときの感動は今の時代にも通じるから、映画を見て踏ん張ろうと思ってくれる人はいるんじゃないかな」と言ってくれて、嬉しかったです。私自身も今回この作品で、テストジャンパーの方々の気持ちや絆を知ることができて、本当に良かったと思っています。

――テストジャンパーのみなさんから、どのようなことを感じましたか？

　だれかを支える人たちは、情熱や夢がどこか飛び越えていないといけないんだなと感じました。悪天候の中で飛ぶテストジャンパーのみなさんは、代表選手の方々が飛ぶ道を作るだけじゃなく、気持ちをつなげていくというか、気持ちの面でも情熱があふれているなと。その姿を見て、感じて、私も自分を支えてくれている人を大切にしようと思いましたし、生まれる絆や愛情をより丁寧に、大事に築いていけたらと感じました。人を大事にしようという気持ちにさせてくれる作品だなと思いました。

――土屋さんご自身を支えてくれているのは誰ですか？

　やっぱり私を支えてくれるのは家族です。普段から本当にいろいろな話をします。例えば、自分が思っていることを相手にうまく伝えられなかったときに、「うまく言えなかったんだ」という相談したことがあったのですが、「こう言うべきだったんじゃないの？」とか、「感情をうまく出していかないと」と、厳しい意見も言ってくれて、本当に頼りになります。

――ご自身も過去にはバスケット、現在はダンスをされています。アスリートの気持ちを理解していたことが役作りに役立ちましたか？

　それは本当に体験していて良かったと思いました。これまではどちらかというと、実際に経験したことがないような役や、自分と正反対のタイプの役を演じる機会が多かったんです。でも、今回のように、子どものころから親しんできたスポーツの経験を活かせる役は、自分の感情や記憶を当てはめることができるので、共感しながら演じることができました。ただ、幸枝さんは支える側ですが、私自身はこれまで、誰かに支えられる側だったので、そこはすごくむずかしかったですね。支える側の覚悟を表現するために、今まで自分を支えてくれた家族の様子を思い描きながら演じていました。

――幸枝は多くを語らずに西方を支えることに徹しますが、中途半端な気持ちでテストジャンパーを引き受けようとした時は、自分の意見をはっきりと言います。このシーンはどのような気持ちで演じていたのでしょうか。

　私自身の解釈ですが、幸枝さんは多くを語らないのではなく、言葉をかけるタイミングを大切にされていたんじゃないかなと思っています。近くにいると、気づくことも伝えたい言葉もた

くさんありますよね。いいこともそうでないことも含めて。でも仁也くんはきっと、飛んでいないときも心の中では飛ぶことを考えているし、常にチームのことを考えている。その「心の目」は前を向いているときもあれば、後ろを向いてしまっているときもある。いずれにしても、常に限界ギリギリのところでふんばっている状況だということを幸枝さんは誰よりも知っているんです。「これ以上がんばれないかもしれない」ということも感じつつ、「奇跡や栄光は限界の向こうにある」ということも、支えてきた月日の中で実感しているんですよね。どうしたら仁也くんを「限界の向こう」に押し出す手助けができるのか、そのタイミングを常にきちんと見極めているから、多くを語らないように見えるんじゃないかな。だから、「嫌々飛ぶ仁也くんなんて見たくない」という言葉を仁也くんにぶつけたのは、幸枝さんが「今しかない」と直感した瞬間だったからなのではないかと思います。幸枝さんにとって、仁也くんの背中を押すための「心の踏み切り台」がこの場面だったんだと思いながら演じていました。

――代表選考に選ばれずに帰ってきた西方を迎えるシーンでは、幸枝はどういう気持ちだったと思いますか？

　以前、お仕事でレスリング元日本代表の吉田沙保里さんとご一緒したときに、「勝ち続けるむずかしさ」についてのお話を伺ったことがあったんです。そのときに改めてスポーツの厳しさ、スポーツ選手の大変さを感じました。仁也くんの場合、世界の頂点を目前にしていたのにも関わらず、第一線で再びリベンジする機会を失ってしまったわけですから、きっと残念とか悔しいといった言葉では表現しきれない、心を引き裂かれるような思いがあったと思うんです。それを何より知るのは幸枝さんですよね。何よりも、自分たちの感情が仁也くんのプレッシャーにならないように考えて、とにかく元気に迎え入れることを心がけていたんじゃないでしょうか。実際は、幸枝さん自身も無念さや悔しさを感じていたと思うのですが、とにかく、仁也さんの気持ちを察して、「元気に振る舞って仁也さんの心を包もう」と思いながら演じていました。

――スキージャンプという競技の魅力について、幸枝さんとしてはどのように感じていたのでしょうか？

　幸枝さんはやっぱり、仁也さんを通して、仁也さんの人生を重ねて魅力を感じてらしたと思います。私たちがスキージャンプを観戦して、「すごいな」とか「おもしろいな」と思う気持ちとはまた違うというか。例えば、助走のスピードや踏み切った瞬間の迫力、滞空時間やその間の姿勢、着地の姿、すべてが幸枝さんにとっては「祈るような気持ちで見守る時間」だったと思うんです。仁也さんが故障をしていたり、悪天候で条件が悪かったりすると、「どうか無事でいてほしい……」という気持ちで見守っていたのではないかな。仁也さんがスキージャンプに全力で取り組むあまり、魅力がわからなくなってしまったときがあるように、幸枝さんも、スキージャンプの魅力は、「実感できるようでできない存在」だったのではないでしょうか。だからこそ、仁也さんが無事に着地した後、大きな喜びを感じていたのではないかと思うんです。着地したときの仁也さんの笑顔が、幸枝さんにとってのスキージャンプの魅力だったのではないかなと思っています。

——土屋さんご自身は、スキージャンプの魅力をどう感じましたか？

とにかく「超人的な競技」だということが魅力ですよね。大自然の中で行われるので、技術や体力はもちろん、自然条件の厳しさと戦う精神力も必要な競技だと思います。私が参加した今回の撮影でさえ、自然の中で何かを行うことの大変さをひしひしと感じましたから。全力で長時間戦う選手の方々はもちろん、安全面を完璧に配慮して運営されているスタッフの方々にも、尊敬の気持ちでいっぱいです。

——和気あいあいとした素敵な現場だったようですが、撮影中の裏話を教えてください。

慎護役の加藤斗真くんと過ごす時間が長かったので、遊ぶだけでなく、寝かしつけたり、ご飯を一緒に食べたりと、いろいろなお世話ができて本当に楽しかったです。よく「子はかすがい」なんて言いますが、まさに撮影現場でも、疲れたときや大変なときに、スタッフや共演者のみなさんとの気持ちをつないでくれる存在で、とても癒やされました。

——お母さん役はいかがでしたか？

実は10代の頃から意外にお母さん役を演じることが多かったので、「懐かしいな〜」という気持ちでした。これまでは女の子のお母さんを演じることが多かったので、加藤斗真くんは朝の連続テレビ小説『まれ』ぶりの息子でした。ものすごく元気で、パワーがあふれていて、「さすが仁也さんの息子！」という感じでした（笑）。眠る寸前まで元気で大騒ぎしているのに、急にコロンと眠ってしまって（笑）。その様子がとてもかわいくて、なんだかホッとして、お母さんの気持ちを少し味わわせてもらうことができました。圭さんが実生活でもお子さんがいらっしゃるので、一緒になって遊んでくださっていて、とても楽しかったです。男の人の遊び方はダイナミックだなと思いました。クライマックスのスキー場のシーンではずっと抱っこをしていたのですが、体力には自信があっても、体重と同時に元気な動きも加わるので腕がパンパンになってしまって……。これをお母さん方は毎日なさっているのだと思うと本当に頭が下がります！

——雪の中の撮影は大変だったと思うのですが、最後のジャンプシーンはいかがでしたか？

撮影時は本当に雪が少なかったので、むしろ「雪が降ってくれないかな……」と願いながら参加していました。長野オリンピックの実際の映像を見ると、本当にものすごい雪なんですよね。撮影中はあまり雪が降らなかったので、当日は過去に経験した大雪の感覚を思い出しながら臨んでいました。ただ、私は最後のオリンピックでのジャンプシーンでは見守ることしかできません。どんなに離れていても心はつながっていると思いながら、ジャンプ台の上にいても空中にいても、全力で仁也くんを守りたい。そう念じながら撮影していました。

——ほかに印象に残っているシーンはありましたか？

やっぱり仁也くんとの二人のシーンです。圭さん演じる仁也くんが苦しむ姿を見ていると、私自身も苦しくなって……。どうしたら一歩踏み出す言葉をかけてあげられるか、ただひたすら考えました。怒るのも違うし、明るいだけでも違う。妻として何ができるか、本当に悩みながら演じていたので、少しでも愛情が伝わっていたらいいなと。ただ、圭さんは感情を引っ張ってくださる俳優さんなので、自分であれこれ考えるよりも、そこにいて心のままに演じればいいんです。そこが圭さんのすごいところで、本当に尊敬しています。

——今回、大勢のエキストラの方との撮影がありました。最後にみなさんにメッセージをお願いします。

作品のオーラや空気は、エキストラのみなさんによって作られるのだと撮影のたびに痛感しています。今回の『ヒノマルソウル』では、演技のみならず、寒い中の長時間という過酷な環境で最後まで心をひとつに力を注いでくださって、本当にありがとうございました。現場で力を合わせてくださるエキストラのみなさんの姿を通して、オリンピックという存在の大切さや意味を改めて実感することができました。撮影は終わってしまいましたが、撮影での共通の思い出を胸に、これからも共演仲間として『ヒノマルソウル』に心を寄せていただければと思います。

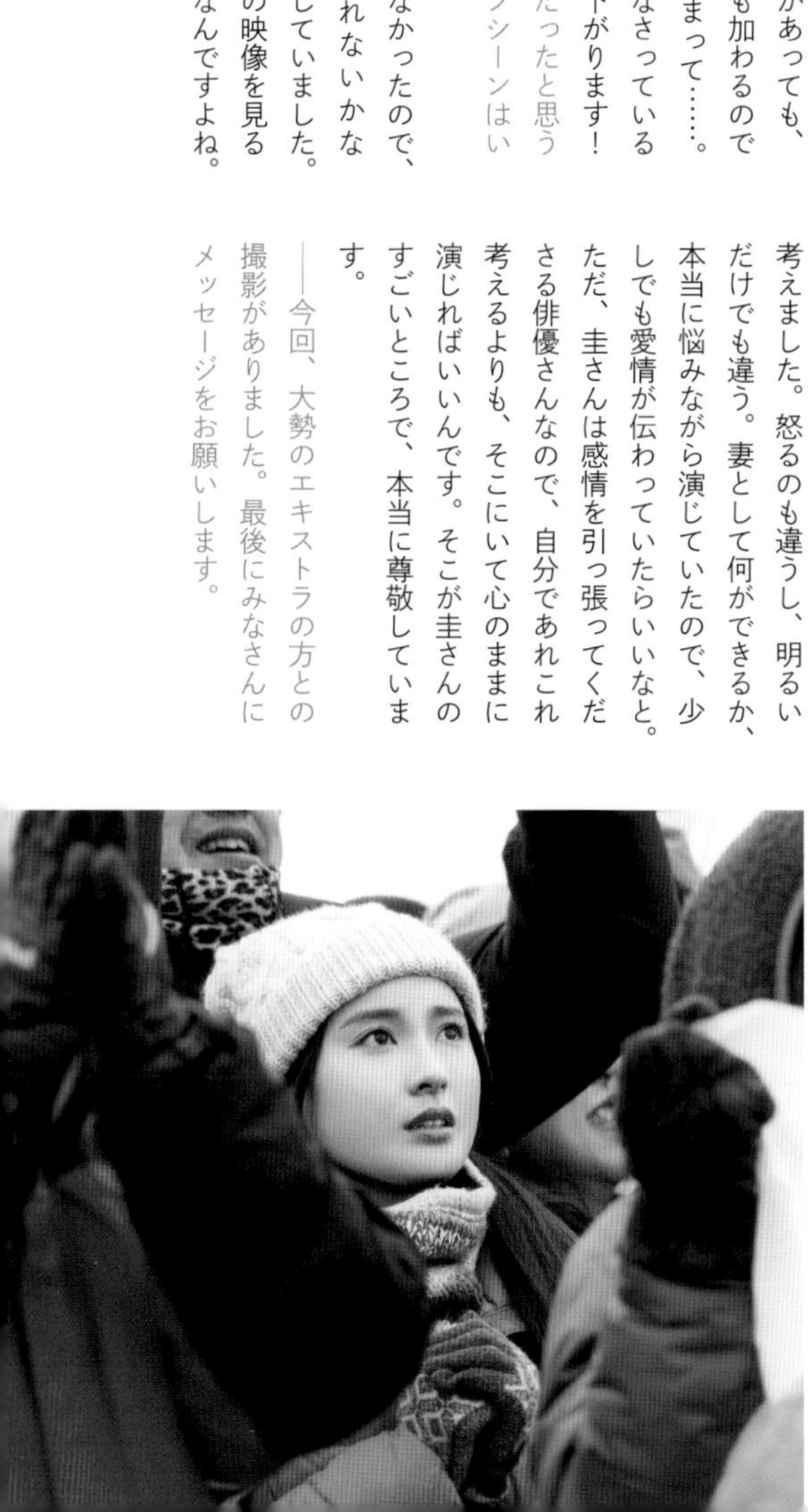

古田新太

神崎幸一役

［プロフィール］

古田新太
（ふるた・あらた）

1965年生まれ。1984年、大阪芸術大学芸術学部在学中に『劇団☆新感線』に参加する。主な映像作品にドラマ『逃げるは恥だが役に立つ』『半沢直樹』『エール』、映画『空白』（2021年公開予定）などがある。

——まずは台本を読んだ感想を教えてください。

オイラは長野五輪のときはもう、30歳を越えた大人だったので、台本を読んで「日の丸飛行隊、懐かしいな」と思いました。小学生のときにスキージャンプのモノマネをしていたのは、札幌五輪のときですから。リレハンメル五輪で原田選手が失速して金メダルを逃してしまったことも、長野で逆転して金メダルを獲ったことも鮮烈に覚えています。今は板をV字にして飛ぶV字飛行が主流ですけど、その前の直立で飛ぶスタイルのときから見ています。今回この作品に関わって、リレハンメルで一番飛んだ西方選手が長野のテストジャンパーをやっていたことを知って、なんだか感慨深かったです。そもそもテストジャンパーの存在も、25人もいたことも全然知らなかったですし。競技をテレビで見ていても映らない部分ですよね。

——今回、テストジャンパーを率いる神崎コーチを演じるにあたり、大切にしていたことはありますか？

やっぱりスポーツのコーチですから、厳しい中にも優しいところがないと、とは思いました。台本ではスパルタな感じで書かれていたのですが、神崎コーチ本人はオリンピックに出場できな

かったので、選ばれなかった選手に対する思いやりも持っている人だろうなと考えて演じていました。

——実際にコーチングボックスに立ってみて、いかがでしたか？

とにかく寒い（笑）。選手は滑り降りるところのうしろに壁があるから風をそこまで感じないんですけど、コーチングボックスは吹き抜けで、恐ろしく風を感じるんです。そこで風を読んで「ゴー」を出すので、もう思い切り寒かった。基本的には風向計のプロペラと吹き流しで風の方向を見て、それからマシーンで今の状態を見比べて「ゴー」をかけるんです。今回、ジャンプのシーンを撮っているときにすごく風が回っていて、選手はみんな気づいていないのにコーチだけにはそれがわかるんです。先生に教わりながら、だいぶ風を読めるようにはなりました。

——今回の撮影裏話を教えてください。

雪が少ない！　長野では、ローカルニュースばかり見ていたんですけど、普段は三、四ｍあるところが10数㎝くらいしかなかったみたいで、テレビ信州や長野放送の人たちも、「こんなに雪が少ないのは珍しい」と言っていました。撮影の終盤になってやっと雪が降り始めたので、景色的には少し残念だったかなと。みんなで苦労しながら撮影していました。あとは、毎晩のようにテストジャンパーたちを連れて飲みに行っていましたね（笑）。よく行っていたのは、白馬駅を降りてすぐ左手にある「絵夢」というお店です。定食には必ずミニラーメンが付いてくるという、ものすごくボリューミーなお店で、若者たちはチキンカツ定食が好きでよく食べていました。オイラは彼らのおかずをちょっとつまみながらお酒を飲むんです。白馬にお立ち寄りの際はぜひ「絵夢」にどうぞ！（笑）

——飲みに行ってどんなお話をされていたんですか？

くだらない昔話です。20代半ばの若者たちに、50代半ばのオイラが今まで出会ってきた先輩方、レジェンドの酷い話を聞かせて、「むちゃくちゃだな」とみんなで喜んでいました（笑）。

——飲みの場で仲良くなった雰囲気が、撮影でも活かされそうですね。

そうですね。圭くん、裕貴くん、郷敦くんをはじめとしたテストジャンパーのみんなには、オイラがいかに力を抜いて仕事をしているかが伝わってしまったかなと。でも、オイラのことは見習わなくていいですから（笑）。

——撮影で印象に残っていることは？

雪が積もっている最中、夏のシーンを撮らなきゃいけなかったときですね。オイラはまだジャージを着ていたから良かったのですが、コーチ役のエキストラの方たちは半袖のTシャツで……本当に大変そうでした。

——今回はコーチとして選手を支える立場を演じられていますが、古田さんご自身を支えてくれる人は誰ですか？

誰だろう。支えられた覚えがないけどな（笑）。あえて言うとするなら、公共交通機関の人たちですかね。電車やバスなどを動かしてくれている人たちがいないと、どこにも行けませんから。公共交通機関のみなさんに支えられていると思います。

——神崎コーチのおすすめシーンを教えてください。

テストジャンパーたちがどれだけ努力しているかという話なので、コーチは選手たちを陰で支える立場だと思っていました。先生が言っていたんです、「とにかく選手たちにケガをさせてはいけない」と。それは代表選手もテストジャンパーも同じで、ケガをしないよう、安全を確保することに一生懸命になっているのがコーチなんです。ケガをさせたことも含めてコーチの責任ということを思いながら、責任感を持って演じさせていただきました。そのあたりを見ていただけたらと。

原田雅彦役 濱津隆之

―スキージャンプの原田雅彦選手を演じられて、いかがでしたか？

いやー、大変だなと。原田さんの映像を見たり、本を読んだりしてスキージャンプという競技のすごさを知りました。本番の一日に四年をかけて挑み、その一回はやり直しがきかないというのはすごいことだなと。僕なんて失敗しかしてきていませんから（笑）。ドラマや映画だったらNGを出してもやり直せるじゃないですか。それがない場所で戦っていくことの大変さ。選手のみなさんはすごいことをやられているんだと改めて感じました。

―長野五輪でスキージャンプが金メダルを獲ったときは見ていましたか？

金メダルを獲ったことは知っていましたけど、その瞬間は見ていないんじゃないかな。原田さんが「船木……」と言っている映像をのちのち見た記憶はあるんですけど。原田さんがリレハンメルの最終滑走で失敗してしまったことも今回初めて知ったんです。だからこそ長野では相当強い思いで挑まれていたんだろうなと。とにかく原田さんの気持ちを一番に考えて、原田さんに叱られないように演じていました（笑）。

―テストジャンパーの存在は知っていましたか？

それも今回初めて知りました。目の前で代表選手たちが飛ぶ姿を見て、悔しさもありつつも、実際は前向きに「俺らの力で日本を金にするぞ」という思いで飛ばれていたのかなと。本当にテストジャンパーのみなさんがいなければ、日本の金メダルはなかったわけですから。

―撮影中、印象に残っていることは？

やっぱりジャンプのシーンですね。ロープを付けてでしたけど、ジャンプ台を滑り降りることはもう二度とないと思うので、すごい体験をさせていただいたなと。最初は怖かったんですが、途中から、「本当にここから滑って飛んで行ったら気持ちいいだろうな」と思えてきて、ジャンプにハマる気持ちが少しわかりました。本当にやってみたいと思いましたね。

―濱津さんご自身を支えてくれる人は誰ですか？

やっぱり家族ですね。両親と姉貴、兄貴が支えてくれているなと。だってもう、こんな人間をずっと応援してくれる人はそうそういないですから（笑）。就職活動も一切せず、あっちいったりこっちいったりしていた男を、遠巻きに見ながら応援してくれるって、すごいことだと思います。これまで反対は一切されませんでしたから。僕がここまでやめずに続けてこられたのは家族のおかげだなと。家族やまわりの環境が良かったから、今の僕があるんだろうなと思います。

［プロフィール］

濱津隆之
（はまつ・たかゆき）

1981年生まれ。2018年6月公開の映画『カメラを止めるな！』にて主役・日暮隆之を演じ、大きな話題を集めた。同作で第42回日本アカデミー賞優秀主演男優賞を受賞。

葛西紀明役
落合モトキ

——今回、レジェンド葛西紀明選手を演じられていかがでしたか？

実在している、しかも葛西紀明さんですから。誇張して演じるのはご本人にも失礼になってしまうと思いながら演じていた部分はあります。髪型を葛西さん風にしたり、トレードマークの黄色を衣装に取り入れたりしているので、そこらへんを見ていただけたらなと。やっぱり日の丸を背負う役をやらせていただくのは貴重な経験ですよね。どんな撮影現場も非現実的ではあるんですけど、今回はスキージャンプの選手ですから。あのジャンプ台は何度見ても、自分じゃ飛べないなと思いました。別に高いところが苦手ではないんですけど、何かの拍子に滑り出ちゃったら……と思うと怖かったですね。

——印象に残っているシーンは？

前半にある、金メダルを逃してしまったリレハンメル五輪のシーンが好きです。銀メダルの記者会見場で、「とりあえず、寿司食いに行かないと」みたいなやりとりをしているんですけど、あれはあれで、いい銀メダルを獲った四人のようにも思えるし。後半は結構苦汁をなめるシーンが多いので、若くて華やかな葛西選手が見られるのは前半なのかなと思います。

——撮影中の裏話を教えてください。

意外とみんな着込んでいます（笑）。ジャンプスーツのときは下に二枚、上に四枚ぐらい着て、さらにカイロを全身に貼っているので、実はポカポカ状態です。だから自分がヒートアップするシーンで汗をかいてしまって。そこは少し勉強が足りませんでした。ただ、ジャンプスーツだけだとすごく寒いと思うんですよね。

あとは今回、テストジャンパーの方たちとも宿が一緒で、夜にご飯を食べたり、お酒を飲んだりと、男子寮みたいな感じで本当に楽しかったです。一緒に過ごした時間で距離も縮まって、すごく仲良くなれましたし。こんなに男臭い現場はなかなかないので、終わった時には何だか少し感慨深いものがありました。とてもいい経験をさせていただいた現場だったので、またみなさんといつか一緒に仕事ができたらいいなと思っています。

——落合さんご自身を支えてくれる人は誰ですか？

友達かなぁ。一緒に遊んでいると息抜きになるし、時間を忘れて過ごせるんですよね。そういう時間がすごく支えになっているというか。今回はロケで白馬でしたけど、東京に帰ったら「友達に会いたいな」と思うし。友達と、母と父ですかね（笑）。

［プロフィール］

落合モトキ
（おちあい・もとき）

1990年生まれ、東京都出身。1996年に芸能界にデビュー。数多くの映画やドラマに出演。近年の代表作としてドラマ『竜の道』、映画『AWAKE』『FUNNY BUNNY』（いずれも2021年公開予定）、舞台『サンソン―ルイ16世の首を刎ねた男―』（2021年4月予定）などがある。

「舞台裏の英雄」が選ぶ「舞台裏の英雄」

舞台裏の英雄を演じるみなさんに、撮影チームの“舞台裏の英雄”を教えていただきました！

田中圭さん

衣装担当
白石敦子さん

圭's Comment!

雪の中での撮影のための防寒をしっかりとやってくれて助かりました。また、僕を含めたたくさんのジャンパーたちのジャンプスーツを用意して現場で着せて……本当に大変だったと思います。本当にお疲れ様でした！

山田裕貴さん

座長
田中 圭さん

裕貴's Comment!

舞台裏の英雄、もちろんスタッフさんたちがいなければ作品は完成しません。誰一人欠けても、あの熱量は創りあげられません。ですが、ここはあえて座長を挙げさせてください。

以前共演したこともありましたが、より深く圭さんの立ち振舞いや、作品の作り方を感じることができました。僕たちの舞台裏をまとめあげてくれる英雄です。みんなに声をかけて、テストジャンパーみんなの協調性を高めてくれたり。どんなお芝居も受け止めてくれます。真面目な話も、他愛のない話も、どんな話もコミュニケーションを取ってくれる。優しさをすごく感じました。まさに英雄です。

眞栄田郷敦さん

車両部

高橋 磨さん

郷敦's Comment!

地方ロケでは欠かせない車両部のスタッフさん。1日の最初と最後に会う人なのですが、高橋さんは何でも話せるすごくいい距離感で、自分の精神的な支柱というか、帰る場所のような存在でいてくれました。

小坂菜緒さん

メイク部

内城千栄子さん

菜緒's Comment!

今回の撮影では、キャストの中でほぼ女子は一人だったことが多かったので……。その中でも、休憩中やメイク中にたくさんお話をしてくださって、すごく安心することができました。それに、私のグループ・日向坂46のお話もたくさんしてくださって嬉しかったし、たくさん笑顔にさせてくれた私にとっての「舞台裏の英雄」です。

Special! このお二人にもお聞きしました!

飯塚健監督

スクリプター石川愛子さん & 助監督安達耕平さん

撮影時の白馬は雪が降らず、いつどの日程で撮影を進めるかの予定が狂いっぱなしでした。さらに、ジャンプシーンはスタッフが移動する時間を短縮するために、今日はこの踏み切り台で飛び出す瞬間だけを撮る、今日は着地だけを撮る、という方法で撮影をしていたので、だんだんどこを撮ってどこを撮っていないのかがぐちゃぐちゃになってきてしまう。しかし二人がそれを細かく正確に記録してくれるのが撮影チームの生命線でした。

土屋太鳳さん

スタッフさん全員

劇場に来てくださるお客様が主に見るのは俳優の私たちですが、髪の毛を直してくれるメイクさんがいたり、みなさんに映画を届けてくださる宣伝の方がいたり、誰が欠けても映画は成り立ちません。スタッフのみなさんに、睡眠時間だけはとってほしいと願うばかりです。

キャスト・スタッフ厳選！イチ押しシーン集

キャスト・スタッフが選んだイチ押しシーン集を大公開！
映画でぜひご注目ください！

テストジャンパーたちの最後のジャンプシーン

南川・賀子・高橋の三人が飛ぶ姿を見てほしいです。自分も撮影で彼らのお芝居に対峙してグッと来ていたので、みなさんにも感じてもらえたらいいなと思っています。

田中圭さんイチ押し

仁也さんと二人で話し合うシーン

妻として、仁也さんがすごく苦しんでいて、どうしたら一歩踏み出せる言葉をかけてあげられるか……怒ったらいいのか、怒らないほうがいいのか悩みました。お芝居中、圭さんが私の感情を引っ張り出そうとしてくださって、本当に尊敬していますし、感謝しています。

土屋太鳳さんイチ押し

山田裕貴さんイチ押し

テストジャンパー25人のジャンプの成功シーン

それぞれが自分の弱さ、悩み、葛藤を乗り越え、成功させるラストの奇跡のジャンプがやはりこの作品の見所であり、長野オリンピックを支えた舞台裏の英雄たちなのです。このシーンの撮影はより気合いが入りました。魂込めましたね。まぁ、どのシーンもですけど（笑）。

眞栄田郷敦さんイチ押し

最後のジャンプシーン

自分の人生も、日本の金メダルもかかっている、いろんなものを背負って飛ぶという、ものすごいシーンでしたし、その感情を込めて全力で演じました。

小坂菜緒さんイチ押し

長野オリンピック・スキージャンプが中止になりかけたときにテストジャンパー全員が続けたいと頼むシーン

危険だとわかっていても、自分の強い意志を思いっきりぶつけていくところに全員の力強さを感じました。賀子をはじめとして、高橋のセリフからも本当に「やりたい！」って気持ちが伝わってきて、すごく胸が熱くなるシーンです。

飯塚健監督イチ押し

原田と西方が言い合うシーン

かつては一緒に銀メダルを獲った仲間の二人。今度は一緒に金を獲ろうぜと誓ったはずなのに、失敗した原田が代表に選ばれ、一番飛距離を出したはずの西方は落とされる。その二人が長野でぶつかるシーンは、この映画の核の一つだと思っています。

TEAM HINOMARU SOUL MAKING & OFFSHOT

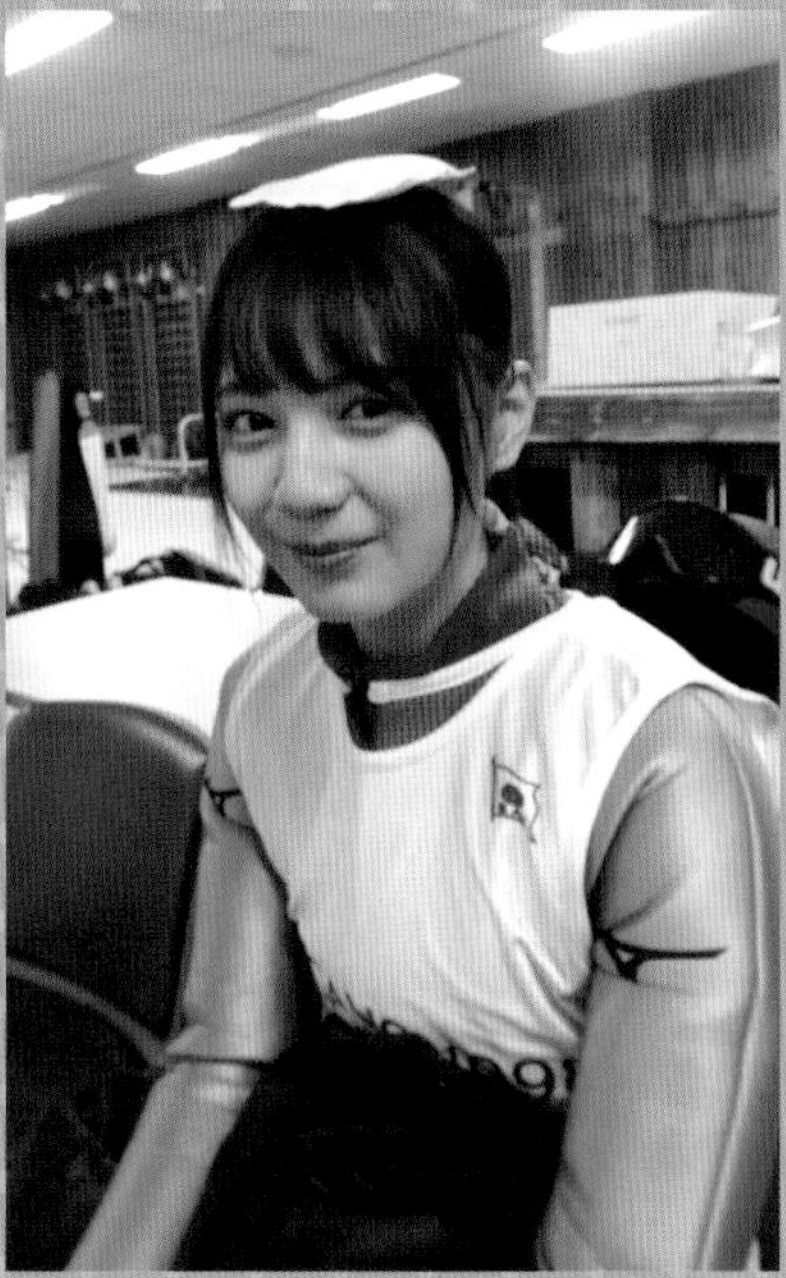

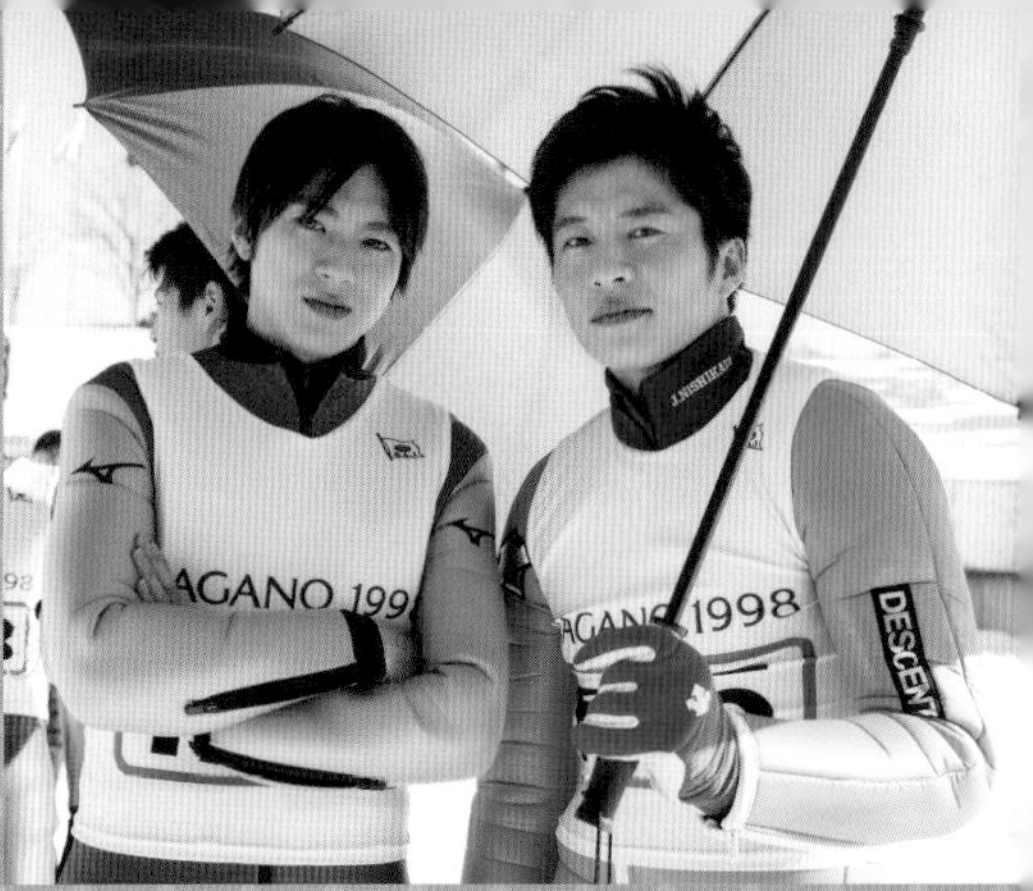

TEAM HINOMARU SOUL MAKING & OFFSHOT

TEAM HINOMARU SOUL MAKING & OFFSHOT

舞台裏の英雄はまだまだ!

エキストラのみなさん

寒い中
大勢集まってくださった
エキストラのみなさんも
チームの一員です!

エキストラ約300人を呼んでの大規模な撮影も行われました。エキストラさんたちも、日本の国旗や、対戦国の国旗、「翔べ!原田!」と書かれた横断幕を持ち、喜んだり、応援したり、歓声を上げたり……何回も何回も同じシーンをくり返し演じ、長野オリンピックを鮮やかに蘇らせてくださいました。

出演しているのはこんなシーン!

寒い中集まってくださったエキストラのみなさんが、「いい映画にしたい」と言ってくださっていたと聞きました。映画はチームで作るものなので、みなさんもそう思ってくださったということが、どれだけ僕らの心をあたためてくれたか……。

みなさんに来ていただいただけでも本当にありがたかったですし、過酷な撮影環境の中で一緒にいてくださるのが本当に嬉しかったです。まちがいなく、みなさんがいないと成立しなかった映画です。みんな、ありがとう!

記念品はこちらです

ヒノマルソウル 撮影日誌

スタッフがつけているひみつの撮影日記を入手！

1月9日 at 川崎国際交流センター

本日いよいよクランクイン。主演である西方仁也役の田中圭さんがクランクイン。午後から撮影したのは、作品の冒頭の銀メダルを胸に下げて悔しさが滲むリレハンメルの記者会見シーン。「この悔しさをバネに突き進むところから物語が始まるので、クランクインにふさわしいシーンになったのでは」と田中さん。

1月11日 at 松戸総合医療センター

この日はテストジャンパー南川崇役・眞栄田郷敦さんがクランクイン。人生で初めて髪の毛を染めて、役作りをしてきたという眞栄田さん。そして九日に20歳の誕生日を迎えた眞栄田さんをスタッフ・キャスト一同でお祝い！「飲みに連れてってください！」と20歳を楽しむ気満々のようでした。さらにこの日は西方仁也の妻・幸枝役・土屋太鳳さんもクランクイン。西方夫妻の子供である、慎護が生まれたシーンを撮影。眠っている新生児を見て、二人とも起こさないように小さな声で「かわいい――！ 小さい――！」と癒やされていました。

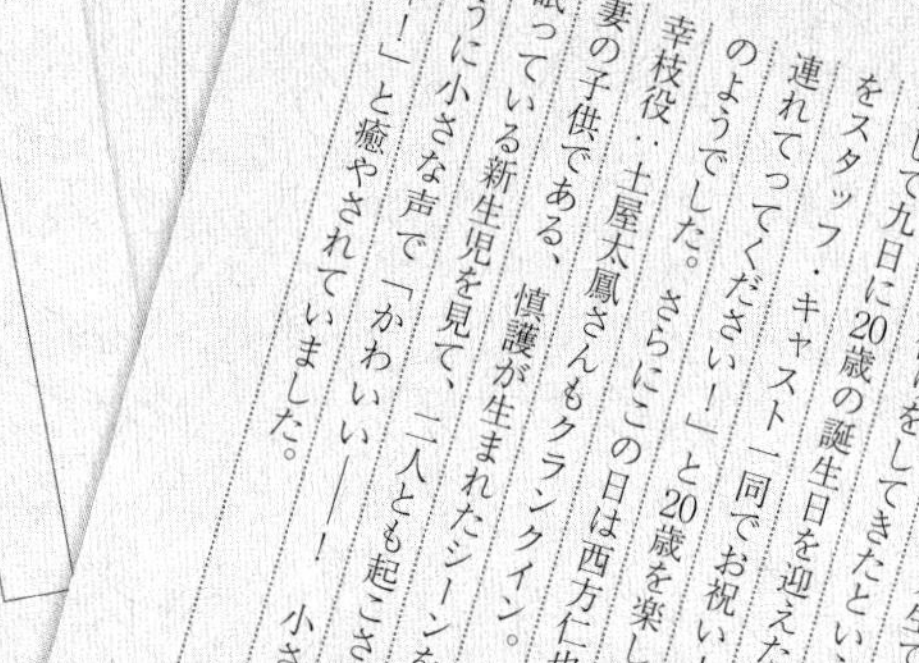

1月12日 at 大松山運動公園

今日は、原田雅彦役・濱津隆之さんの「空サッツ」の撮影の日。何度もトライし、やっと上手くいった直後にスタッフが爆笑。というのも、空サッツをやったあとに、練習がきつすぎて西方と原田が吐いてしまうというシーンだったのですが、「空サッツ」がうまくいったので、吐く演技を忘れて嬉しそうな顔をしてしまった濱津さん。NGとなってしまいました。

1月16日 at 戸隠スキー場

リフトにて、リレハンメル五輪のシーンの撮影。クランクインして、初の雪景色！ 快晴！ しかし芯から冷えるような寒さ！ 代表選手役の四人はほっぺたにヒノマルのペイントをつけてリフトに乗ります。

1月18日 at 民宿「愛徳」

モデルとなった西方仁也さんのご実家であり、現在は西方のお兄さんが経営されている、本物の民宿「愛徳」でのシーン。撮影時は地元の人も驚くほど雪が少なく、わざわざ雪を運んできての撮影。

場所を変え、西方がやけ酒を呑んで「TOKIO」を熱唱するシーン。エキストラには、仁也さんのお兄さんや、仁也さんを知る地元の方が参加してくださいました。仁也さんを演じる田中さんに「まるで、本物の仁也を見ているようだ」と大絶賛されていました。

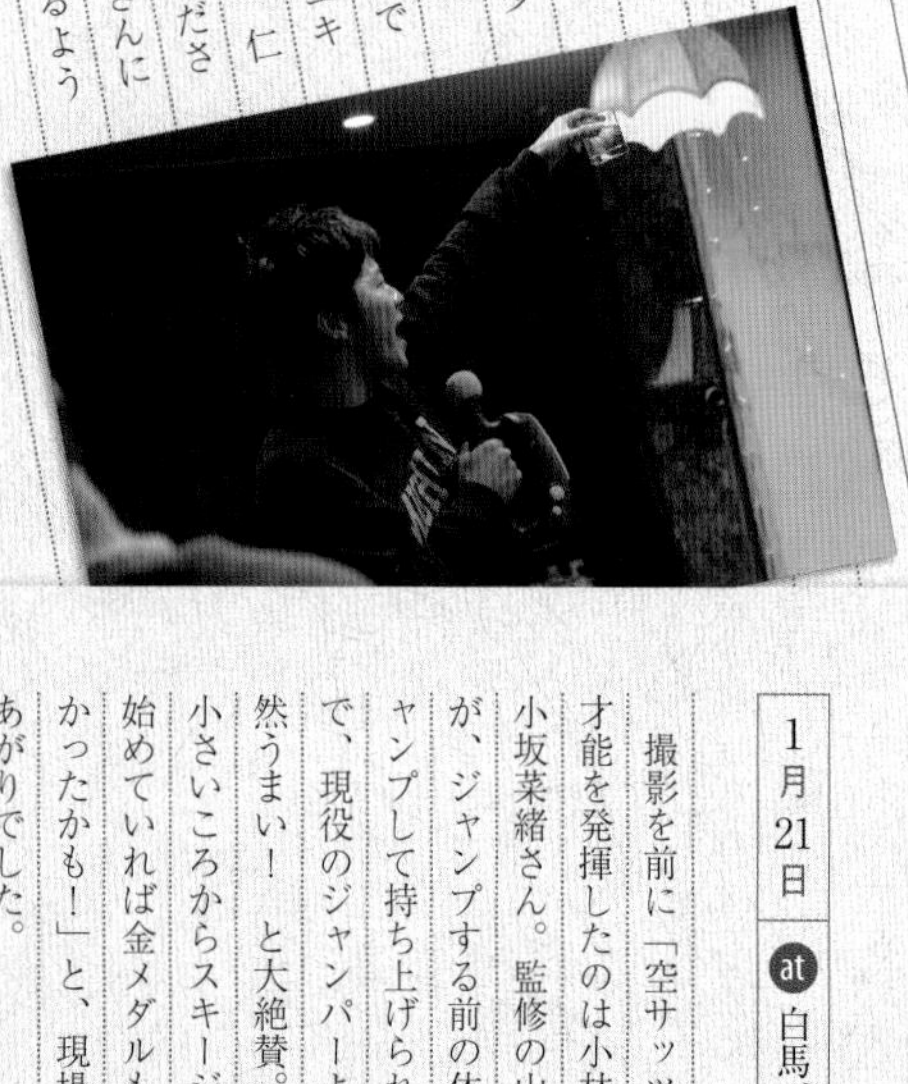

1月21日 at 白馬ジャンプ競技場

撮影を前に「空サッツ」の練習。才能を発揮したのは小林賀子役・小坂菜緒さん。監修の山田コーチが、ジャンプする前の体勢からジャンプして持ち上げられる体勢まで、現役のジャンパーよりも、断然うまい！ と大絶賛。「もしも、小さいころからスキージャンプを始めていれば金メダルも夢じゃなかったかも！」と、現場で大盛りあがりでした。

1月22日 at 白馬ジャンプ競技場

この日は高橋竜二役・山田裕貴さんと、小坂菜緒さんのクランクイン。高さ約一三〇mのスタートゲートで、田中さん、小坂さん、眞栄田さんが実際にスタートをきります。ハーネスとロープの補助があるとはいえ命がけの撮影、アクション部を信じ、スタッフは一瞬も気を抜かず撮影を進めました。

1月23日 at 白馬ジャンプ競技場

この日の天気はまさかの雨。雨だと足元が悪く撮影ができないため、すべての準備を終えたまま、待機。待機時間中のキャスト控室を覗いてみると、楽しそうにダンスを踊る、田中さん・山田さん・小坂さんの姿が。小坂さんが、田中さんと山田さんに日向坂46の「キュン」ダンスを伝授していました。

また今日は、小坂菜緒さんが演じた「小林賀子」のモデルとなった、葛西（現在は吉泉）賀子さんご本人が現場に見学にいらっしゃり、当時のことをいろいろ伺いました。

1月25日 at 白馬ジャンプ競技場

この日は、エキストラ約三〇〇人を呼んでの大規模な撮影。田中圭さん、土屋太鳳さんが紹介されると、エキストラさんからは歓声が上がりました。今日の撮影シーンでは、土屋さんは慎護を常に抱っこしていなければならず、カットがかかっても、抱っこし続ける土屋さん。スタッフが声をかけても「大丈夫ですよ！でも、さすがに腕が痛い！お母さんって大変だなー」と本当の親子のようでした。

1月29日 at 白馬ジャンプ競技場

〈ヒノマルカム〉での撮影。〈ヒノマルカム〉とは、撮影部による命名で、スキー板にカメラを固定してスタートから滑らせ、遠のいていくスタートゲートの臨場感を撮影するカメラです。これは、撮影部の知恵と努力の結晶です。下まで滑らせたら、アクション部がロープで引っ張り上げ、微調整して、また滑らせる。体力と根気が必要な撮影ですが、見たことのないようなダイナミックな映像が撮れました。

1月30日 at 白馬ジャンプ競技場

撮影が始まると、全キャスト真剣そのものですが、テストジャンパーチームは撮影の合間はとっても仲が良さそうにおしゃべり。キャストが宿泊しているホテルには卓球台があり、撮影が終わったらそこで卓球大会が始まるのだとか。古田新太さんも参戦して、白熱していたとのこと。山田裕貴さんは、卓球にハマってマイラケットを購入したそうです。

2月4日 at 白馬ジャンプ競技場

今日は、西方仁也さんご本人と長野五輪で団体金メダルを獲得した斎藤浩哉さんご本人が、白馬の撮影現場へいらっしゃいました。ハーネスとワイヤーをつけて滑り出すシーンの撮影を見学された二人。田中さんが滑り出した瞬間、二人で顔を見合わせて「怖えええ〜〜！」と驚いて「僕らは、あんなことは絶対できないですね」とおっしゃっていました。

2月18日 at 東宝スタジオ

ジャンパーたちは、朝から何時間もワイヤーで吊られ、飛んでいるシーンなどを撮影していました。大きな扇風機で風を当て、体勢を崩さないように保つのがとても大変そう。田中圭さんが最後のカットを撮り終わると、白馬で一緒に撮影を重ねたテストジャンパーたちがサプライズでかけつけてくれました！　田中さんは「本当に貴重な体験をさせていただいたが、とても大変だった。スタッフのみなさんも過酷な状況の中、本当にお疲れ様でした！」と締めくくってくださいました。

総力戦！

スタッフチームに裏側を聞きました！

スタッフチームだからこそ知っている撮影秘話と見所をインタビュー！

忘れられないのは、俳優さんたちの目の強さ

スキー指導
山田大起さん

ソルトレークシティオリンピックスキージャンプ日本代表。2001・2002年飯山市民栄誉賞受賞。

苦労したのは「空サッツ」という、選手が練習・試合前に陸上でおこなう、ジャンプ直前の踏み切り動作です。一見すると簡単そうなのですが、いざやってみると、背中をまっすぐにして、足首に角度をつけて飛ぶ体勢にするのがまずむずかしいですし、その体勢から飛び上がるのもむずかしい。跳躍力と正確な動きが重要で、バランスを崩すとケガにもつながる、かなり大変な動作なんです。俳優さんたちが「空サッツ」の動きを練習して撮影すると聞いたときは、正直、無理だと思いました。子供のころから何年も練習してやっとできるようになるものなんです。でも、撮影の空き時間はすべて「空サッツ」の練習をしているくらい、みなさん真剣に取り組んでくれました。練習で忘れられないのは、山田裕貴さんの「なにがなんでもやる」という目の強さ。眞栄田郷敦さんもそうですが、本番で集中力がガッと上がるんですよね。それから、松戸の病院で撮影した田中圭さんのシーンもすごく印象的でした。飛び上がる前の姿勢をとった瞬間に成功するなとわかるぐらいの出来と集中力で、さすがプロだなと思わされました。小坂菜緒さんは最初から高いレベルでできていたので驚きました。現役選手のお手本にしたいくらいの完璧な仕上がり。「小坂さんが、子供のころからスキージャンプをやってくれていたら日本代表選手が一人増えていたかも……」と思ってしまったほどです。イメージどおりに身体を動かす能力が高いんでしょうね。

ほぼゼロからのスタートでここまでの作品に仕上がったのは、俳優のみなさんのがんばりのおかげです。何より、この貴重な経験をさせてくれた飯塚監督に感謝の気持ちでいっぱいです。

見所はここ！
空サッツのシーン

試行錯誤した動きがワンテイクでOKになり、ホッとしました

アクション部 吉田浩之さん

主な作品は、『帝一の國』(2017)、『響 HIBIKI』(2018)、『地獄少女』(2019)など

今回のアクション部の使命は、スタートゲートでの安全管理とロープでの補助、出演者ご本人でのジャンプ中の体勢作り、転倒シーンの演出、臨場感のある背景映像を撮るためのカメラ（通称「ヒノマルカム」）での撮影などです。

スタートシーンは、できるだけ長い距離を滑ってもらえるように、ロープで吊って調整しました。安全のために前方に大きなマットを設置していたのですが、キャストのみなさんが怖がらずに滑り出していくのは本当にすごいなと思いました。田中圭さんのスタートシーンの撮影のとき、一度だけマットをはずしてスタートしてもらったのですが、「ロープでつながっているから平気だよ」と我々を信頼してくださり、救われました。

田中さんが空中でバランスを崩して落ちていくバックショットのカットは、むずかしい動きで、かなり試行錯誤しました。動きのテストを重ね、田中さんにバトンタッチ。田中さんの絶妙な芝居もあってワンテイクでOKになり、ホッとしました。

「ヒノマルカム」は、特機部さんが加工したスキー板にカメラを載せ、それをアクション部がロープで吊って、実際に滑らせて撮影します。ブレを減らすことやストップのコントロールに気をつかいました。大変だったのは、吊り上げ作業。ラージヒルの下から上まで手動で引き上げるのは重労働で、このときだけは防寒なしでみんな薄着になりました（笑）。

キャストのみなさんは、むずかしい技術でもすべて撮影当日にはスムーズになっていて、本番までに仕上げてくる役者さんのすごさを感じた現場でした。

ちなみにアクション部はみんな、台本を読んで泣きました。

見所はここ！

競技中のスタートやジャンプ中、転倒シーンすべて

衣装でジャンプ台の上に立つ俳優さんを見たときは感無量でした

衣装部 白石敦子さん

主な作品は、『笑う招き猫』(2017)、『榎田貿易堂』(2018)『賭ケグルイ』(2019)など

実話を基にした映画なので、衣装も実際の場面により近づけられるように、資料や映像を見ながら研究しました。中でも苦労したのは、ジャンプスーツやオリンピックのときに選手が着ていたウエアの製作です。当時のウエアを再現しつつ、スタッフウエアの柄はオリジナルでデザインしました。ジャンプスーツの生地は特殊なので、ないものは生地から作るしかなかったんです。田中圭さんや代表選手が着ていた長野五輪のジャンプスーツの生地は、スポーツウエアブランドのDESCENTEさんが当時の生地を一から再現して作ってくださいました。リレハンメル五輪のときに日本代表やドイツ代表が着ていたオレンジ色のスーツの生地は、ウレタンなどで厚みを調節しながら自分で一から作りました。できあがりをスキージャンプの監修をしていた山田大起さんにほめていただいたときは嬉しかったです。

撮影用のジャンプスーツなので、吊られることなども考えた耐久性や、長時間のロケ撮影のために中にインナーを仕込んだりすることも考えて作っていきました。一人ひとりサイズを測って、ゆとりをもたせながらもブカブカに見えないように微調整して……。苦労しただけに、衣装を着てジャンプ台の上に立つ俳優部さんたちの姿を見たときは感無量でした。

寒い中、長時間、衣装に着替えて参加してくれたエキストラさん。一日中文句も言わずにジャンプスーツを着たままでいてくれた俳優部さん。朝早くから現場に来て、雪かきや整備など、陰で活躍してくれたスタッフさん。スタッフ、キャストすべての方に助けられた撮影でした。本当にありがとうございました。

見所はここ！

長野オリンピックのシーン

田中圭 インタビュー

西方仁也を演じた田中圭さんと、
本物の西方仁也さん。
「二人の西方」が、お互いに
どうしても聞いてみたいことをインタビューしあう
〝クロスインタビュー〟をおこないました！

西方仁也

クロス ×

［プロフィール］

西方仁也（にしかた・じんや）

1968年生まれ。7歳からジャンプを始め、中学3年時全国中学スキー選手権大会を制するなど早くから頭角を現し、1994年リレハンメルオリンピックに出場した。映画「ヒノマルソウル」の主人公のモデルとなった。1991年から現在まで雪印メグミルク株式会社に勤務している。2001年（3月）までスキー部所属。

田中 ∨ 西方

田中　西方さん、ご無沙汰しております！　本日はクロスインタビューということで、よろしくお願いいたします。

西方　よろしくお願いいたします。撮影を見せていただいて、気持ちの入ったすばらしい演技に鳥肌が立ちました。

田中　ありがとうございます。今回、西方さんのご実家の民宿、「愛徳」で撮影させていただきました。

西方　行かれたんですか！（笑）

田中　お兄さんと共演させていただいて、お母さんともお会いしました。地元のお友達のみなさんも出演してくださって。西方さんが代表に選ばれずに憂さ晴らしをするシーンだったんですが、僕が荒れたお芝居をしていたら、みなさんが「そっくりだよ」と（笑）。実はリレハンメル五輪の映像などを拝見しながら、「通じるところがあるな」と思っていました。

西方　実は僕も少し、田中さんのお芝居を見て、「似ているかも……」と思ったことがありました（笑）。

田中　そうなんですか！　演じていて思ったことなのですが、西方さんって、ファンキーですよね（笑）。映画の中でも、お酒を飲むシーンがたくさんありますよね。

西方　結構、ありますよね（笑）。

田中　お酒はよく飲まれるのですか？

西方　選手時代は何も楽しみがなく、山に入ったら男だけの世界だったので、試合がないときは記憶がなくなるまで飲んでいたような気はします（笑）。台本にやたらと飲むシーンが多かったので、「そんなこともあったな」という懐かしさを感じました。

田中　『ヒノマルソウル』は西方さんが主人公の作品ですが、ご自身が映画になることは想像していましたか？

西方　四年くらい前、「映画になるかも？」という噂があったんです。テストジャンパーの話にストーリーがあるね、と盛り上がって。でもまあそんなわけないよなと思っていたら、映画の撮影が始まったと聞いて本当にびっくりしました。選手時代でも、優勝したときくらいしか新聞やテレビの取材なんて受けたことはなかったので、報道の大きさにちょっと震えました（笑）。

田中　僕も撮影中、結構震えていました！（笑）実際に白馬スキージャンプ競技場のラージヒルのスタート地点に立たせていただいたのですが、ものすごい高さで……。本当に怖かった。練習を重ねると、あの恐怖心はなくなるものですか？

西方　毎回、「今日は大丈夫」と心を冷静に保とうとするのですが、雪が多くて滑ったり、手が緩んだりするとめちゃくちゃ不安になります。慣れているジャンプ台はあまり怖くないですが、そうじゃないとやっぱり怖いです。

田中　場所によってコンディションが変わってくるのですね。脚本を読んで共感できる部分はありましたか？

西方　他の選手と比べられて、自分の心の中だけに秘めていた「負けたくない」とか「勝ちたい」といった思いがすべて文字になって表れている、と思えるくらい共感できました。

田中　心の中に秘めて……というのは、原田さんに対して「落ちろ」と心の中で思うあのシーンのことでしょうか？

西方　「落ちろ」とまでは思わなかったんですけど、「あんまり飛ぶなよ」とは思っていました（笑）。

田中　実は僕、最初に脚本を読んだときに、「さすがに〝落ちろ〟なんて思わないでしょう」と思ったんです。だから西方さんにお会いして、「そんなことは思ってなかったよ」と言われたらあのシーンが成立しなくなると思って、なるべく撮影の後半で会いたいと思っていました。だから初めてお会いしたとき、すぐに、「原田さんに〝落ちろ〟って思いましたか？」とお聞きしました（笑）。

西方　もちろんメダルは獲ってほしかったんです。でも、僕らがリレハンメルで銀メダルだったから、「銀以上じゃなきゃいいな」と（笑）。もちろん金メダルが獲れて良かったと本当に思っているんですよ。自分たちが飛んで競技が再開されたときは、「よっしゃ！　俺はやることはやったぞ」と。表彰式を陰から見て「おめでとう」と思っていました。

田中　まさにテストジャンパーのみなさんがつなげた金メダルですよね。

西方　日本代表の四人も、自分たちの力だけじゃないと思ってくれていたとは思います。

田中　でも、テストジャンプで25人全員が成功することが競技再開の条件で、さらには飛距離も出さないといけない。ここまでテストジャンパーのみなさんに重圧がかかっていたということが、僕にはすごく衝撃でした。

西方　あんなに過酷な状況でテストジャンパーの実力を発揮しなければならないとは思っていませんでした。そこまでの気持ちで大会にも臨んでいないので、天候が悪い中飛べと言われたときには「え、マジかよ！」いう気持ちもやっぱりありました（笑）。

田中　そうですよね（笑）。長野オリンピックで日本代表に落選したとき、ジャンプをやめようとは思わなかったのですか？

西方　やめたいというよりは、最後にもう一花咲かせたいという気持ちのほうが強かったです。それにはテストジャンパーとして飛べるオリンピックの舞台はいいトレーニングになるなと。

田中　リレハンメルは原田さんのジャンプが……言い方は悪いかもしれませんが、失敗してしまって、結果は銀メダルになりました。その瞬間はどんなお気持ちでしたか？

西方　リレハンメルでは、メダルを獲ること自体が目標だったんです。原田くんが失敗した瞬間は、「メダル獲れなかったかな」と思ったので、残念な気持ちになっていたんですけど、結果は二位で銀メダルだったので、「やった！　良かった！」と。原田くんがめちゃくちゃ落ち込んで小さくしゃがんでいる姿を見て、「メダル獲れたから大丈夫だよ」と本気で思って声をかけました。

田中　また変な言い方になってしまうかもしれないのですが……原田さんが失敗しなければ金メダルだったとは思わなかったのですか？

西方　普通に飛んでくれたら獲れたことは間違いないんですけど、あの年の原田くんは、ホームランか三振かという状態だったんですよね。ワールドカップで優勝しているのに、その他の試合では10位くらいだったりして。だから、「まさかここでやらないよな、やるなよ」と神頼み状態でしたね（笑）。

田中　なるほど。じゃあ、「やっちゃったパターンか！」と思ってメダルを逃したと思っていたら、結果銀メダルが獲れたから「気にするなよ」という気持ちだったんですね。

西方　そうです。だから切り替えは早かったですよ。その日の夜に原田くんと一緒に飲んだときに、「バカヤロウ！」とは言いましたけど、それでもう「このことは忘れよう」と（笑）。

田中　そうだったんですね。でも実際は、ケガや若手選手の台頭などもあり、西方さんは長野五輪の代表から外れてしまって金メダルを目指せなくなってしまった。その辛い四年間の支えは、やはり奥様やご家族でしたか？

西方　そうですね。妻は言葉には出さ

ずとも、常に「仁也くんならできる」と思って支えていてくれたと思います。

田中　具体的に言葉で言うのではなく、「あなたならできる」と見守ってくれるスタイルだったのですね。

西方　いつもさりげなく、「落ち込んでる暇があるなら練習したら」と言ってくれました。

田中　素敵ですね！

西方　とても頭の切れる人なので、ハッキリと言いすぎて怖い……みたいなところもありました（笑）。

田中　僕も奥様に白馬でお会いして、想像以上に明るく元気な方で。勝手なイメージですが、「西方さん、怒られてそう」と思ってしまいました（笑）。

西方　厳しく指導してもらったかな、みたいなところはありますね（笑）。

田中　素敵な関係ですね。代表から落選して、西方さんの中でもいろいろな思いがあったと思うのですが、結果として、テストジャンパーとして参加されたのはどうしてですか？

西方　正直、連絡が来たときは、「なんで俺が」と思いました。内心はやりたくはなかったんですけど、家内に、「家にいてもしょうがないし、腐っている姿を見ているのも嫌だ」というようなことを言われて。それもそうだなと思い、引き受けることにしたんです。

田中　リレハンメル五輪では銀メダリストだったのに、長野はテストジャンパーとして参加して。外国の代表選手たちからも「何してるの？」と言われるのが嫌とおっしゃっていましたよね。

西方　ただ、以前活躍していた選手がテストジャンパーをやっている姿も見てきてはいたので、僕自身も代表選手のために何かできることがあるなら、やらないといけないと思いました。あとは、家でテレビで応援しているよりは、オリンピックに携わりたかったという気持ちもありました。

田中　西方さんがこの作品の脚本を読んで、「ここは残してほしい」と思ったのが、映画では小坂菜緒ちゃんが演じる高校生のテストジャンパーの女の子のお父さんとの話ですよね。

西方　そうなんです。葛西賀子ちゃんという、当時高校生だったジャンパーの方がモデルになっているんですけど、本当にオリンピックのテストジャンパーとして長野五輪にいるということを喜んでいたんです。自分は日本代表ではないけれど、一緒にやっているという気持ちでいて。あの過酷な状況でも、「いつでも飛べるようにスタンバイできています」と待っている姿を見たときに、僕自身も「このまま終わらせるわけにはいかんな」と思えたというか。「自分にとってのオリンピックは今ここしかない」という彼女の姿勢に、スキージャンプ選手としてすごく考えさせられるところがあったので、残してほしいという話をしました。

田中　ものすごく素敵な話じゃないですか！

西方　平穏に大会が終わっていたら思わなかったでしょうけど、彼女のおかげで「ここでがんばらなければいつがんばるんだ」という気持ちになれました。

西方×田中

西方　不慣れですみませんが、僕のほうからも質問させていただきますね。実在している人物、私を演じるにあたって、むずかしさ、やりにくさなどありましたか？（笑）

田中　すごく質問が硬いですね（笑）。実在するといいますか、歴史上の人物ともまた違いますよね。だって、まだご健在じゃないですか（笑）。例えば、同じ実在の人物でも、武将の役をやらせていただくときは、文献などを読んで史実をたどってこういう人だったのかなと想像します。でも今回は、最近の話ですから。長野五輪は22年ぐらい前で。そこはむずかしかったです。むずかしいというより、どうしようかなと思いました。先ほどもお話ししましたけど、西方さんのことは、お会いする前に、過去の映像やインタビューなどを拝見していろいろと調べたので、それ以上深く知らなくてもいいのかなという気持ちもありました。役が入る前にフィクションだとは思いたくなかったので。でも実際にお会いしたらほとんど実話だとおっしゃっていたので、最初のほうにお会いしておけば、もう少し違うアプローチができたのかもしれません。

西方　演じてくださるということで、僕も田中さんの作品をたくさん拝見しました。シリアスな役から、コミカルな役まで演じていらして。どんな役柄もできる方なんだなと思いました。

田中　ありがとうございます。

西方　そうやって短期間にさまざまな役柄を演じられていますけど、どのように切り替えているんですか？

田中　あまり意識しないで切り替えられるのが一番いいと思っています。それぞれの役を演じているときの、自分の中の「感覚」があって、これまでに演じた役は、そのときの感覚さえ残っていればいつでも戻れるというか。その感覚さえできてしまえば、いくつもの役を同時に演じていても混乱しないのですが、その感覚ができるまでは試行錯誤のくり返しです。不安で、大丈夫かなと思う気持ちが強いです。役によっても違うのですが、明確に切り替わるスイッチがあるんです。

西方　スキーのジャンプも同じような感じで、初めて飛ぶジャンプ台のときは、「そのジャンプ台ってどんなジャンプ台？」って必ず聞くんですよ。それで、日本のどこそこに似てる、あんな感じと言われるとすごくイメージが作りやすいんです。ジャンプ台のイメージができると身体の切り替えが早くなるというか。似た感覚と合わせていくという部分は少し似ていますね。

田中　その感覚に近いかもしれません。

西方　今回、怖かったシーンはありましたか？

田中　練習で初めてスタート台に座ったときはもちろん怖かったです。あと、スキージャンプの板がすごく長い。スターティングバーに座って横に移動していくとき、慣れていないから、いろんなところにガンガン当ててしまう。本当に狭いところなので、「これは落ちちゃうだろう……」と思いながらやっていました。アクション部の方が安全装置を付けてくれているとはいえ、やっぱり最初は本当に怖かったです。ただ、撮影でずーっと座っていたので、最後のほうは慣れてきました。

西方　撮影を見に行ったときに、慣れた手つきでスキー操作をされていて。小さいときからやっていたのかなと思いましたよ。

田中　またまた、またまた（笑）。

西方　いや、でも本当に選手でもカタカタとスキーを当てたりすると金具が外れたり、ズレたりということがありますから。ジャンプ台は非常にシビアなので、みんな慎重にやっています。

今回の撮影の前と後とで、スキージャンプという競技へのイメージは変わりましたか？

田中　スキージャンプへの憧れが強くなりました。撮影で少し滑らせてもらって、このまま飛べるものなら飛びたいと思いましたから。

西方　それはすごいですね！

田中　スキージャンプは体験してみないとわからないというか、飛んでいるときの状態や感覚がまったく想像できない競技ですよね。今回、少しだけ体

験させていただいて、本当に飛べるものなら飛びたかったです。雪がもう少しふかふかだったら……（笑）。

西方　本当にすごいと思いました。ぼくは、田中さんがジャンプ台に実際に立っている姿を見て、手に汗握りましたから。

田中　できる気になっちゃうのはまずいですよね。でも、絶対に飛べないのに、撮影中は飛べる気になっていました（笑）。

西方　ぜひいろいろな方にスキージャンプの魅力を広めていただければ嬉しいです。私は現役時代はかなり練習するほうの選手だったんですけど、俳優さんの場合、演技の練習はどんなことをされているのですか？

田中　僕らの場合は練習というかたちでもないのでむずかしいんです。僕はできることならセリフを練習したくないです。自然と出るのが一番いいと思っていて。でも、長いセリフになるとやっぱり、「覚えてるかな」と不安になるので、声に出して読んだりして練習しちゃうんですけど。できれば練習せずに自然とセリフが出ることが理想ではあります。

西方　田中さんは学生時代はバスケットボールをやられていたんですよね？　最近はどのようにバスケットボールに携わっておられるのですか？

田中　もうほとんど携わっていないのですが……。Bリーグを見たり、Bリーグのスター選手の富樫勇樹選手と仲が良いので、彼とたまーに対談するくらいです（笑）。やりたいのですが、最近は練習にも全然行けていないです。あと、テレビなどでたまにバスケをする機会があるのですが、僕は「うまい」なんてひとことも言っていないのに、〝できる人〟扱いをされて困っています（笑）。

西方　いいじゃないですか。

田中　良くないですよ！（笑）　だって、うまいドリブルを求められても、できないですから。スポーツ全般でそうだと思うのですが、続けていないと感覚は鈍りますよね。例えば西方さんが今、ジャンプ台からちょっと飛んでみてくださいと言われても、「飛べるか！」ってなりますよね。

西方　なりますね（笑）。

田中　それと同じです。バスケットボールはスキージャンプのように命がけではないですが、練習していないと衰えるのは当たり前なので、その衰えを地上波で見せなければいけないところがつらいです（笑）。

西方　それはキツイですね（笑）。最近は忙しくてバスケもできないということですけど、休日があったら、どのように過ごされているんですか？

田中　『ヒノマルソウル』の撮影が終わってから、少しオフがあったんです。そこで家族と一緒に過ごせたのは良かったですね。この撮影でずっと長野にいたので、まったく友達にも会えていなかった分、友達にも会えました。普段はなかなか予定を組んで人に会うのがむずかしいのですが、この休みの間は珍しく予定を組んで会えたので、とても有意義な休日になりました。

西方　お休み中は演技のことを考えたりしないんですか。

田中　認めたくないですが、どこかで考えている自分がいるんですよね。仕事をしていたらしていたで休みが欲しいと思うのですが、休みがあったらあったで不安になってきちゃう。お芝居が僕の精神安定剤なのかもしれません。認めたくないですけど（笑）。

西方　スケジュールが入ってるほうが働いている感じがするんでしょうか。

田中　なんなんですかね……これまで、毎日現場があって休みがないのが当たり前だったので、三日くらい空くと「お芝居って、どうやってたっけ？」と思ってしまうんです（笑）。

西方　お芝居が好きなんですね。僕も選手時代、三日休むと身体が元に戻るのに時間がかかりそうな気がして不安になっていました。スポーツ選手もそうですけど、俳優さんも体調管理は大切ですよね。食生活で何か実践されていることはありますか？

田中　体調管理は僕が一番苦手としているところです。その日の気分で生きているので（笑）。それこそ西方さんは、現役時代に体重管理などもされていたんじゃないですか？

西方　めちゃくちゃしてました。練習するのが大変だから食べないわけにもいかないんですけど、食べる量は常に少な目にしていました。現役時代は、ご飯をお茶碗一杯以上は食べたことがなかったです。あとはサラダとかりんごとかばかり食べていましたね。でも、やりすぎると今度は筋力が落ちてしまうんです。そこのバランスを崩してしまったことが原因で、自分の引退が少し早くなってしまったのかなとも思っています。あとから気がついたことですけど。現在勤務しているのが食品メーカーなので、栄養管理について勉強する機会があったんです。そのときに、選手時代にもう少しタンパク質を上手にとっていたら良かったのかなと思ったんですよね。そこをもう少し上手くやっていれば、葛西（紀明）くんみたいに長く競技ができたのかなとも思いました。でも、自分できっちりやるのはむずかしいので、栄養士さんなど、プロに教えてもらうほうがスムーズにいくと思います。

田中　そろそろ何かやらないとダメですよね。僕は、『ゴチになります！』でも、頼んだものを完食しちゃうんです。だって、もし自分がお金を払うことになったらもったいないじゃないですか！（笑）

西方　仕方ないですよ。おいしそうですもんね。

田中　仕方ないですよね（笑）。今回、たくさんお話できて楽しかったです。ありがとうございました。

西方　こちらこそありがとうございました。慣れなくてすみません。

田中　いえいえ、お会いできて嬉しかったです。

スペシャル
鼎談

田中圭 × 山田裕貴 × 眞栄田郷敦

テストジャンパーの男性三人が、
見どころ、演技のこと、
そして撮影秘話まで語りつくしました！

EAGLE
FISCHER
J.NISHIKATA
SAJ
NAGANO 1998

——脚本を読んでいかがでしたか？

田中　僕は長野五輪のときは中学生くらいだったので、スキージャンプの選手のみなさんがインタビューを受けている姿を覚えていたんです。だからこの舞台裏の英雄たちを描いた「ヒノマルソウル」を読んで、「あの裏側にそんなことがあったんだ！」と驚きました。読み終わっていろいろと調べていくうちに、より内容を理解できて、脚本が深くなっていく感覚を味わいました。

山田　僕は当時、小学校二年生くらいだったのですが、テレビで団体の金メダルを見た記憶はありませんね。脚本を読みながら、日本代表が金メダルを獲って、みんなが喜んでいるあの感動が、映像で頭にパッと浮かんできました。テストジャンパーの方々の話は今回初めて知ったのですが、僕らのお仕事も、映画やドラマ、舞台など、本当にたくさんのスタッフのみなさんが裏側で支えてくださっているから作品を作れるんですよね。今回はスキージャンプのお話ですけど、どんな場所にも支えてくれている人たちはいて、そのことを知ってもらえるように演じられたらいいなと思いながら脚本を読んでいました。

眞栄田　僕は長野オリンピックがあった一九九八年にはまだ生まれていなかったので、くわしくは知らなかったんです。でも今回、華やかな舞台の裏側で、こんなドラマがあったことを初めて知って、胸が熱くなりました。

——田中さんと山田さんは、実際にテストジャンパーとして飛んだ西方仁也さんと高橋竜二さんを演じられました。

田中　歴史上の人物ともまた違うので、実際の西方さんのイメージから外すわけにも、反対に真似するわけにもいかないので、その加減が難しかったですね。実際にご本人がご覧になったときにどう思われるかなとか、自分でいいのかなとか。いろいろ考えました。

山田　僕は実際に高橋竜二さんにお会いしてお話しさせていただいたんです。竜二さんは難聴ですが、手話は使わずに口話で会話されるんです。「選手たちとも普通に会話してたよ」とおっしゃっていたので、僕も意識せずに演じられたというか。竜二さんの本当の気持ちは理解できていないかもしれないけれど、教えていただいたことを胸に演じました。撮影前にご本人に気持ちをお聞きできたことは大きかったですね。

眞栄田　僕が演じる南川崇は映画オリジナルの人物なのですが、スキージャンパーの方々にとっては共感していただける役なのかなと。弱さを隠している部分と若者らしい軽い部分とが混在している、今まで演じたことのない役柄です。ただ、オリンピックを志す人として、テストジャンパーとして中途半端な人間になりすぎてもダメだなと思ったので、そのバランスはしっかり取りながら役作りをしていきました。

——田中さんは脚本を読んで「こんなことがあったんだ！」と驚かれたということですが、その他に初めて知ったことや驚いたことはありましたか？

田中　まずはテストジャンパーが25人もいることに驚きました。たくさんいるな、と思って（笑）。あとは、スキージャンプ団体が一度吹雪で中断して、「このまま競技ができないんじゃないか」という状況になるじゃないですか。そのときに、再開の条件が「テストジャンパー25人の全員の無事なジャンプ」ということが僕は一番びっくりしたかもしれないです。なんだか優しいのか厳しいのかわからないなと。今回の脚本にも少しだけ反映されていたんですけど、西方さんのような世界で活躍する方は、飛んで安全を確認するだけじゃなくて、飛距離も出さなきゃいけないそうなんです。これくらい出せる状態なんだということを証明するために。だから実際、西方さんは相当なプレッシャーの中で飛んでらっしゃったんだろうなと思いました。

山田　僕が一番びっくりしたのは、スキージャンプの選手のほとんどが小学生くらいから始めているということですね。小さいころから始めないと、スキージャンプという競技はむずかしいと知って、じゃあ僕らはどう練習して、ジャンパーのみなさんに追いつけばいいんだと途方に暮れました（笑）。むずかしいとはいえ、本物からかけ離れたものになりたくはないですから。スキーの形や姿勢、スタート台で待っているときの仕草だけでもなんとか身につけたいなと。そこは一番神経をつかったところでした。

眞栄田　スタート地点にあるスターティングバーに座るところから怖くて驚きましたね。一本の細い鉄のバーがあるだけで、そこから滑り落ちたら終わりじゃないですか（笑）。高さもあって、初めて座ったときは本当にすごく怖かったです。

田中　バーが、座るとちょっと下がって、しっかりしているのかしていないのかわからないんだよね。

山田　そうそう！　ちょっとガタッていうんですよ。

眞栄田　練習するうちに慣れてはいき

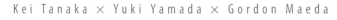

ジャンプシーンでは、そのまま飛びたいと思っているくらい、みんな前のめりでした——

ましたけど、最初は本当に怖かった。

——スキージャンプのトレーニングも大変だったのではないでしょうか。

田中　空サッツの練習はみんなでやったよね。いろいろな取材で話していますが、空サッツは簡単に見えてとてもむずかしい！（笑）

山田　本当にめちゃくちゃむずかしかったです。

眞栄田　飛ぶのもむずかしいですが、持ち上げるほうも、人を一人持ち上げるような動きなので。

田中　そうそう。一時間やったらもう腕上がらなくなりますから、長くは練習できないんです。撮影に入る前に一、二日間ぐらい練習がありましたが、誰も一度も成功しないまま本番に入ったよね、確か。あとは役者が持っている本番のテンションと火事場の馬鹿力でやるしかねえ！　みたいな（笑）。

山田　でも不安だから、空き時間があると練習してました。

田中　あとは、スキージャンパーは体重管理がとてもシビアだということなので、食事制限もしていましたね。郷敦はこれまで役のために身体を鍛えたり、体重を落としたりしてきているからすごく詳しくて。みんなで郷敦先生に教わりながらやっていきました。

眞栄田　いやいやいやいや（笑）。この作品の前の作品で増やしていたのもあって減量しなければいけなくて。今回、20キロぐらい落としました。スキージャンパーは体重が重くても軽すぎてもダメみたいで、最低BMIも決まってるんです。その基準ちょうどぐらいの体重を設定して調整しました。

——それはすごいですね！　田中さんと山田さんもそのBMIに合わせていったのですか？

田中　……それは当たり前ですよ（笑）。

山田　当たり前っすよ。BMIは毎日測ってましたから（笑）。

田中　俺ら大体いつもBMIのことばっかり考えてるもんな！（笑）

山田　なんなら、いつも頭から離れないですよね（笑）。

眞栄田　（笑）。

——ジャンプスーツに身を包んだみなさんのスタイルがすごくよかったです。

田中　やっぱりみんなBMIに気をつけていますから（笑）。

山田　（笑）。でも、教えてくださる先生方はみなさん、ほっそりしてるんですよ。それに少しでも近づきたいという気持ちはありました。BMIを気にしながら（笑）。

田中　やっぱり軽いほうが飛ぶんだろうね、単純に。撮影中、実際に白馬のジャンプ台で練習している選手の方たちがいらっしゃったので見ていたら、やっぱり少し大きめな人はすぐ着地しちゃっているんです。だから体重はやっぱり大切なんだなと。

——スキーを履いたままスタート台に座るだけでも大変そうでしたね。

田中　もう、板が長いからガッチャンガッチャンいってね。

山田　普通に映像で見ると、選手のみなさんはスッスッと行って座っているので、「え、こんなに静かにできるものなの？」って。本当に座るだけでめちゃくちゃむずかしいんです。

眞栄田　むずかしかったですよね。いま裕貴さんが言ったように、映像を見ると、ジャンパーの方たちは三回くらいの動きで真ん中に座っちゃうんです。だからその三回を目標にして、動きを完全に真似してやりました。

田中　ジャンプは限られた時間の中でしか練習できなかったですから。ただ今回は、アクション部の方たちが実際に安全面を確保した状態で、僕たちキャスト全員スタートを切らせてもらえたので、そこは嬉しかったです。スタート前の座っている段階からすべて込みで、スキージャンパーの気分を味わえたというか。とてもいい経験をさせていただいたと思っています。

——スタートの瞬間はどんなお気持ちでしたか？

山田　あの瞬間は「行くしかない」というか、「行くぞ！」という感じです。

田中　気持ちだけで言えば、そのまま飛びたいよね。

山田　そうなんです。本当は飛びたいんですよね。

田中　気持ちだけですけど、そのまま飛びたいと思っているくらい、みんな前のめりでしたね。

眞栄田　……僕は飛べないかもしれません（笑）。

山田　郷敦は慎重派だからなあ（笑）。

——撮影の合間はどのようなお話で盛り上がったのでしょうか。

山田　圭さんがいつも号令かけてくれて、ご飯に連れていってくれましたよね。撮影の合間はどんなことを話して

ましたっけ？
田中　（小坂）菜緒ちゃんにダンスを教えてもらったよね。
山田　そうだそうだ。菜緒ちゃんテストジャンパーの紅一点でしたからね。普段はグループで女性の中で活動されていると思うので、こんな男ばっかりのところに来るの嫌だろうなと思いながら必死にコミュニケーションを取っていました（笑）。
田中　菜緒ちゃんも郷敦も、放っておくとまったくしゃべらないんです。
山田　郷敦は筋肉の話しかしないよね。
眞栄田　いや、そんなことないです（笑）。
田中　郷敦は筋肉のときだけ前に出てくるんだよな～（笑）。
眞栄田　えっ！（笑）
田中　二人ともしゃべらないから、俺と裕貴はなるべくコミュニケーションを取ろう、取ろうとしてたよね。
山田　してました。
田中　基本的には四人でいましたからね。控室ではなるべく二人をいじるようにしていました。いじるというか、二人のことを深掘りしていくという感じです。
山田　僕たちからあまり離れていかないように、二人に必死にしゃべりかけて引き止めておく、みたいな感じでしたね。

——眞栄田さんは筋肉の話をよくされていたんですか？

眞栄田　いえいえそんな（笑）。筋肉のこととか、聞いていただければしゃべるんですけど……（笑）。いや、本当に撮影中は色々と引き出してもらっていました。あの、最後の晩餐の話とか。
山田　ああー！　最後の晩餐ね（笑）。

——それは「最後の晩餐で何が食べたいか」という話ですかね。

田中　郷敦、言ってやれ！
山田　いっちゃんおもしろいやつ！
眞栄田　……粕汁です。
田中　「最後の晩餐で何食べたい？」って聞いたら、20歳の若者が「粕汁」って言うんですよ！（笑）
山田　俺、最初何のことかよくわかんなかったですもん（笑）。
田中　眞栄田郷敦がするのは筋肉と粕汁の話ですから。こっちだって引き出すのが大変ですよ（笑）。

——お二人の答えは何でしたか？

山田　僕はレバ刺しがもう食べられなくなってしまったので、最後だったらレバ刺しが食べたいです。
田中　レバ刺し（笑）。僕と菜緒ちゃんが一緒で、「ハンバーグ」だったんです。ただ、それだけの話です（笑）。
山田　あと心理テストとかもやりましたよね。
田中　やったね～！　天候の待ち時間が結構あってですね。控室で二、三時間待ってるときに、一緒にいるならコミュニケーション取ろうとするじゃないですか。でもネタがないときは、もう、ザ・ベタなやつをね。
山田　もう、それしかなかったんですよ！（笑）
田中　携帯で必死に心理テストとかを調べて、それをひとつずつみんなに聞きながら、掘り下げていくみたいなね。
山田　あと、「どうやってこの世界に入ったの？」みたいな話もしましたよね。だってもう、そういう話をするしかないじゃないですか！（笑）　菜緒ちゃんだったら、「もともとアイドルになりたかったんだね」とか。そうやって引き出していくしかなかったんです。

——先輩二人がこんなにがんばっていたんですね（笑）。

眞栄田　ありがとうございます！（笑）
山田　いえいえ全然。楽しかったですから。でも、今も、ここまであんまりしゃべってないよね？（笑）
眞栄田　いや（笑）。ちょっとずつ僕もしゃべっていきたいと思います。

——最高の先輩たちですね。

眞栄田　本当にそう思います。撮影中はお二人の演技にたくさん刺激を受けてます。
田中・山田　またまた！（笑）

——ご自身が先輩になったら、眞栄田さんも後輩に同じことをしないといけないかもしれないですからね。

田中　でも郷敦は基本的にはしゃべらないでいけるタイプですから。
山田　きっと後輩が話しますよ（笑）。
田中　きっとしゃべんない（笑）。

——「ヒノマルソウル」の中で、とくに見てほしいシーンはありますか？

田中　僕は西方さんを演じているので、出てくるほとんどの登場人物とつながりがあるんです。長野オリンピックの日本代表メンバーとも、自分の家族とも、コーチとも絆がある。あとはテストジャンパーのみんなとも絆が生まれていきますからね。だからもう、そこに尽きるという感じです。誰かの思いを受け止めて、影響されて自分自身が成長していったり、自分も誰かに影響を与えていたり。そういうつながりがすごく大切なんです。一人じゃないというか。これはスキージャンプという競技だけでなくて、どんなものにも通じる普遍的なことだと思うんです。「ヒノマルソウル」では、西方仁也さんという人間を通して、そのメッセージを伝えられたらいいなと思います。
山田　僕が演じた高橋竜二さんは、ス

キージャンパーでありながら、どんなに遠くまで飛んでも歓声が聞こえないんですよね。でも、「旗が振られたらスタートだから、この競技ができたんです」とおっしゃっていて。竜二さん自身は耳が聞こえにくいことをハンデだとは思っていないんですよね。みんなと一緒で、スキージャンプをする仲間だと思っているというか。手話じゃなくて口話で話す竜二さんに、まわりのみんなも普通に接してくれていて、思いやりは感じつつも、それが負い目ではないというか。「スキージャンプでは負けたくない」というプライドを持っていて、でも仲間と一つになって挑めることが、たぶんきっと、嬉しかったんだと思うんです。これは、本物のというよりは台本の中の竜二さんが、ですよ。だから、この作品では僕自身も笑顔でいることが多かったです。竜二さんはたぶんみんなのムードメーカー的存在で、でもやっぱり最後のジャンプに臨むときには、この上ない緊張感と、「長野オリンピックをこのままでは終わらせない」という熱い思いを持って飛んだと思うんです。そこの明るさと、心に抱える葛藤みたいな部分の両方を見ていただけたらなと思います。

眞栄田　長野オリンピックの、スキージャンプ団体の日本代表は四人でしたけど、その裏側には多くの人たちの思いがあったということを知ってほしい。25人のテストジャンパー、一人ひとりに個性があって、思いがある。そのすべてが最終的に金メダルを導いたのかなと。とにかく、一人ひとりのドラマを感じて熱くなってほしいです。僕はもう、熱くなりましたから（笑）。見ていただいた方に感動を与えられたらなと思います。

——「ヒノマルソウル」では25人のテストジャンパーたちが日本代表の四人を支えていました。みなさんを一番に支えてくれているのはどなたですか？

田中　まあ、でも……一番って言われると、やっぱり家族ですね。でも、家族が支えてくれているところと、仲間が支えてくれているところ。あとは現場で会うスタッフさんやエキストラの方たちとか、本当にたくさんの人たちに支えられているんだなという思いが自分の中にはすごくあるので、これからもみなさんにおんぶに抱っこでやっていきたいと思います（笑）。

山田　これは俳優・山田裕貴としての意見になってしまうんですけど、圭さんに、「裕貴、良かったよ！」とか、郷敦に「裕貴くん、かっこいいです！」とか言ってもらうとすごく力になるんですよね。それはスタッフのみなさんも、もちろん見ていただく観客のみなさんもそうですし。僕はいつも、まわりのすべての人たちがお客さんだという気持ちで演じていて。いつもすべての人たちに伝わるように、そこで役として生きていきたいというか。それが、みなさんに支えてもらっているという感覚なんですよね。だからもう、僕を応援してくださるすべての人たちが支えで、見てくださるみなさんのために演じていきたいなと思っています。

——みなさんの真面目な一面が出ていますね。眞栄田さんはいかがですか？

田中　筋肉だよね（笑）。

山田　筋肉が郷敦の身体を支えてるからね。

田中　なんかごめん！　すげー真面目な話になってきちゃったから、ここで落とそうと思ったんだけど、ムリだった……（笑）。真面目に行こう、真面目に！

眞栄田　はい（笑）。僕も圭さんや裕貴さんと同じように、まわりのみなさんが支えです。もう、生まれてきてから出会ったすべての方々が自分を形成してくれていると思います。そのとき、そのときに出会ったからこそ、今の自分がいると思っていて。ただ、今一番感謝して、自分の一番支えとなっているのは、やっぱり僕はマネージャーかなと。ここまで二人三脚でやってきたので、いまさまざまな作品に出演させていただいているのも、マネージャーと出会えたからかなと。一番の精神的支柱になってもらっています。

田中　ちょっとこれ、俺ら根が真面目すぎるよ！（笑）

山田　「ヒノマルソウル」には、いい人たちがそろっちゃった（笑）。

田中　この話、もう一回やります？（笑）

——（笑）。それでは田中さん、最後にメッセージをお願いします。

田中　「ヒノマルソウル」は、長野オリンピックのスキージャンプ団体、日本代表の金メダルの舞台裏のお話です。日本代表の華やかな金メダルの裏には実はこんな熱いドラマがあった……！ということをみなさんにもぜひ知っていただきたいなと思っています。

25人一人ひとりのドラマを感じて熱くなってほしいです——

飯塚健監督インタビュー

この映画を撮りたいと思ったきっかけは、今から10年くらい前にたまたま見たドキュメント番組です。そこで長野オリンピックのスキージャンプ団体の、金メダルの裏側にあったテストジャンパーたちの活躍を知りました。その中に、原田選手が代表に選ばれなかった西方選手のアンダーシャツを着て飛んだというエピソードがあったんです。それを見て、「当時、金メダルを獲った直後のインタビューで原田さんが『俺じゃない、みんななんだ』と言っていたのはこういうことだったんだな」と初めて知ったんです。この心に刺さるドラマチックな話を、ぜひ映画にしたいと思いました。

どういう映画にしようかとスタッフで話し合ったとき、西方選手と原田選手の友情を真ん中に置いた、いわゆるバディものはどうかなど、いろいろなパターンを考えましたが、友情は描きつつ、テストジャンパーそのものに思いっきりフォーカスを当てようということになったんです。

テストジャンパー全員が飛べなかったら競技が再開しないなんて、とんでもない任務ですよね。それなのにそのジャンプは一切記録に残らない。「記録に残らない戦い」は、この作品のキーワードだなと思いました。吹雪の中、何のために飛んでいるのか。観客はテストジャンパーが飛んでも拍手もしないわけですから。

スキージャンプは少しのミスで一生残るようなケガをしてしまう競技なので、テストジャンパーに選ばれるのにも能力が必要で、選ばれること自体名誉なことなんだそうです。ただ、その中でも銀メダリストの西方さんがテストジャンパーをやるというのは、また次元の違う話です。当時、ワールドカップに出れば表彰台に上る実力のある人ですから、「なんで俺が」という気持ちがあったはずですよね。あの状況で、どんな気持ちで飛んだのかを知りたいと思ったんです。

今回、主役の西方を演じてくれた田中圭くんは真面目な男で、ものすごく考えて持ってくるんです。僕はお芝居は俳優さんからの「提出」だと思っているのですが、彼は、シーンとシーンの間にどんなことが起きて、今どんな感情でいるのかということまでしっかり理解して「提出」してきてくれる。だから彼にはほとんど何も言ってないです。土屋太鳳さんも、撮影の合間もずっと子供役の子とコミュニケーションをとってくれていました。難聴のジャンパー、高橋竜二選手を演じた山田裕貴くんもすばらしかった。最後のジ

［プロフィール］

飯塚健（いいづか・けん）

映画監督。1979年生まれ。代表作に『荒川アンダーザブリッジ』、『榎田貿易堂』、『虹色デイズ』、『ステップ』など多数。最新作は4月公開の『FUNNY BUNNY』。

すべてはここから始まる……

キャスト・スタッフの旗印となる台本をちょっぴり公開！

台本チラ見せ！

舞台裏の英雄たち
ヒノマルソウル
決定稿
真っ赤な表紙
ヒノマルソウル！
映画の始まる
大事なシーン
タイトル
「ヒノマルソウル」が
出てくるシーン！
画コンテ
担当スタッフが
緻密なコンテを
書きます

ャンプで、着地した後に体感として歓声が聞こえたというシーンも、いい顔をしていましたね。

苦労したのは、何と言っても雪不足です。白馬に住んでいる方たちも、こんなに雪の降らない白馬は見たことがないとおっしゃっていました。何度かドカッと降ってくれたものの、降ったらすぐに撮影できるわけではなく、ジャンプ台のシーンでは降った雪を踏み固める作業をしないといけないので、本当に雪との戦いでしたね。

ジャンプシーンを撮影するのも大変でした。機材やスタッフすべてがジャンプ台に上がるだけでもすごく時間がかかるので、登ったりおりたりする時間をできるだけ省くために、今日はスタートシーンだけを撮影する日、などと決めて撮っていきました。着地シーンも大変でしたね。キャストやスタッフのみなさん、まさに「舞台裏の英雄たち」に支えられた映画です。

みなさんに楽しみにしていただきたいのは、原田選手が金メダルを獲った姿を見ている西方の顔。「原田、金メダル獲れて良かったな」なんてわかりやすいセリフがあるわけではないけれど、最高に素敵な顔をしてくれました。

映画『ヒノマルソウル～舞台裏の英雄たち～』
オフィシャルブック

2021年5月10日　初版発行
2021年5月20日　第2刷発行

編　　　　者　映画『ヒノマルソウル～舞台裏の英雄たち～』製作委員会
発　行　人　植木宣隆
発　行　所　株式会社サンマーク出版
東京都新宿区高田馬場2-16-11　☎03-5272-3166（代表）
ホームページ　https://www.sunmark.co.jp

ブックデザイン　轡田昭彦＋坪井朋子
構　　　　成　石本真樹
映画スチール　石井千保子
写　　　　真　米玉利朋子（P8-39, 64-73／G.P.FLAG）
校　　　　閲　鷗来堂
出版コーディネート　TBSテレビ　メディアビジネス局　映画・アニメ事業部
編　　　　集　池田るり子（サンマーク出版）

印刷・製本　株式会社暁印刷

定価はカバー、帯に表示してあります。落丁、乱丁本はお取り替えいたします。

ISBN978-4-7631-3836-1　C0093